ちくま新書

ルポ 平成ネット犯罪

渋井哲也
Shibui Tetsuya

1434

ルポ 平成ネット犯罪【目次】

起源を探る／学校裏サイト／プロフの利用／ネットいじめ、トラブルへの対応は後手後手／ネットトラブル指導の不十分さ／居場所を奪うという意味／ネットトラブルの片方だけを〝指導〟／ネットいじめ自殺の認定／調査報告書の提言と学校側の対応／ウソをついた校長／加害者を特定し、損害賠償裁判を起こす／ネットいじめの恐怖心／SNSいじめの通報アプリ／ライン相談

第五章　死にたい感情が交差する自殺系サイト　181

ドクター・キリコ事件／いつでも死ねるという安心感／劇薬はお守りにならなかった／リタリン・ネットワーク／自殺系サイトで知り合い心中／心中掲示板／どうして心中相手を探したのか／心中計画を知っていた人たち／大阪の自殺系サイト殺人事件／自殺系サイトが性的欲求の餌食になった／男女7人ネット心中／自殺願望／止められなかった心中／厚労省のネット心中研究／報道されるための心中／インターネットは危険か？／ネットは自殺を助長するのか、抑止するか／中高年の自殺願望は変化しない？

海道滝川市いじめ自殺／10月 静岡・タリウム殺人未遂事件／10月 北海道札幌市いじめ動画流出

平成18（2006）年　出会い喫茶が増える／スクールカースト社会問題化／6月 自殺対策基本法成立／10月 わいせつ画像流出（ケツ毛バーガー）事件／10月 福岡県筑前町いじめ自殺

平成19（2007）年　ネットいじめ・学校裏サイト社会問題化／9月 名古屋市の「闇サイト殺人事件」発覚／10月「なんでも屋サイト」嘱託殺人事件／11月 モバゲー・女子高生殺人事件

平成20（2008）年　リフレ店が増える／4月 EMA設立（～2019年）／6月 秋葉原無差別殺傷事件

平成21（2009）年　3月 mixi・コミュニティ削除問題／4月 青少年ネット規制法施行／8月 耳かき店従業員殺害事件

平成22（2010）年　3月 生徒指導提要作成／9月 出会いカフェ殺人事件／11月 仙台市会社員自殺配信

平成23（2011）年　3月 東日本大震災／10月 滋賀県大津市いじめ自殺

平成24（2012）年　5月 北海道・ニコニコ動画の生主自殺配信／7～8月 パソコン遠隔操作事件

平成25（2013）年　JKビジネスが社会問題化／6月 いじめ防止対策推進法成立／10月 三鷹市・女子高生ストーカー殺人事件／11月 滋賀県近江八幡市・女子中学生自殺配信

平成26（2014）年　3月 Yahoo!チャット終了／3月 千葉県柏市連続通り魔殺傷事件／11月 リベンジポルノ防止法成立

平成27（2015）年　7月 愛知県でJKビジネスを国内初の規制／9月 神戸連続児童殺傷事件の元少年AがHP作成

平成28（2016）年　5月 小金井ストーカー殺人未遂事件

平成29（2017）年　長野県と大津市がLINE相談を開始／7月 東京都でJKビジネス規制条例が施行／10月 座間市男女9人殺害事件

平成30（2018）年　3月 厚労省、自殺対策SNS相談を開始

平成31（2019）年　1月 茨城県・女子大生殺害事件

平成ネット事件史 関連年表

昭和60（1985）年　テレクラの誕生／文部省、いじめ調査開始／通信の自由化（4月 電電公社がNTTへ）

昭和61（1986）年　2月 東京・中野富士見中いじめ自殺

平成元（1989）年　7月 ダイヤルQ2サービス開始（～2014年）

平成6（1994）年　11月 愛知県西尾市いじめ自殺

平成7（1995）年　1月 阪神・淡路大震災／3月 地下鉄サリン事件／10月 岐阜県で国内初のテレクラ規制／11月 Windows 95発売

平成8（1996）年　女子高生の援助交際が社会問題化／8月 第1回子どもの商業的性的搾取に反対する世界会議／11月 インスタントメッセンジャーICQ登場

平成9（1997）年　神戸連続児童殺傷事件

平成10（1998）年　年間自殺者3万人台へ（～2012年）／1993年刊の『完全自殺マニュアル』ベストセラーに／12月 ドクター・キリコ事件

平成11（1999）年　2月 NTTドコモがiモードサービス開始／5月 児童買春・児童ポルノ処罰法成立／7月 NTT再編

平成12（2000）年　5月 西鉄バスジャック事件／10月 KDDI誕生／11月 J-PHONEが写メールサービス開始／11月 歯科医師と元OLがネット心中

平成13（2001）年　1月 埼玉・主婦嘱託殺人未遂／4月 茨城・主婦刺殺事件／4～5月 京都メル友殺人事件

平成15（2003）年　2月 埼玉県入間市ネット心中／6月 出会い系サイト規制法成立

平成16（2004）年　日本国内でSNS開始／6月 佐世保小6女児同級生殺害事件／10月 埼玉・男女7人ネット心中

平成17（2005）年　5月 監禁王子事件逮捕／6月 山口・高校生爆弾製造爆破事件／8月 大阪・自殺サイト殺人事件／9月 北

序章　匿名性と悪意

†拘置所で聞いた新元号

平成31年（２０１９年）４月１日午前11時41分、新元号は菅義偉官房長官によって、「令和」と発表された。天皇の生前退位に伴って、新しい天皇が即位する。昭和天皇「崩御」に伴って、平成に元号が変わった時と比べると、多くのメディアはお祝いムードだった。

新元号発表のニュースを白石隆浩被告は、立川拘置所内のラジオで聞いていた。この1年半前（17年10月）に発覚した神奈川県座間市のアパートの一室から男女９人の遺体が発見された事件で逮捕、起訴された白石だが、被害者が多いために公判準備に時間がかかっており、立川拘置所に収監されていた。

新元号発表で、ラジオもテレビも明るい未来を期待する話題ばかりが流れていたが、私はこの事件が気になっていた。発表翌日、私は面会に向かった。申し込みをし、数十分待ち続けると、面会室「9番」に通された。白石はアクリル板の向こう側で、拘置所職員に付き添われていた。初対面の私に、ちょっとおどけた感じだ。逮捕された時の写真よりはふっくらし、髪はやや伸びている。普通の青年といった感じで、恐怖を感じない。

「(新元号の令和について)ラジオでは漢字がわからないので、担当に聞いたんです。命令の『令』ってことなんですね。〝命令によって調和を図る〟みたいで嫌だな、上から目線だなと思いました。同じ読みなら『礼』のほうがいい」

事件は逮捕前の2ヶ月の間に起きた。Ｔｗｉｔｔｅｒ(ツイッター)で知り合った男女9人をアパートの一室に呼び寄せ、殺害。死体をバラバラにし、遺棄した疑いで起訴されている。インターネットに絡んだ自殺事件を多く取材していた私は、事件発覚直後から、新聞やテレビ、雑誌、ネットメディアの取材を受けた。そのためもあり、現場へ行けたのは逮捕から2週間後、11月中旬になっていた。すでに白石が逮捕されていたために、メディアは関心が薄れていた。

そのアパートは市役所がある市中心部にあり、1962年に中学校が建てられた時に地名が公募された。1丁目から6丁目まであるが、アパートのある6丁目だけが、小田急線の西側だ。取材陣は数組だけで、発覚当初のざわつきはない。現場付近で聞こえたのは電車が行き交う音のみ。近くには県立座間谷戸山公園などいくつかの公園がある。夕方には近所の人が散歩をしたり、小学生が下校するのどかな風景だ。事件を呼び寄せるような空間ではないと思った。

†被害女性との接点

私の関心事のひとつは、白石がどのようにインターネットを使い、どのように被害女性を誘っていたのかという点だ。

彼は、いつからインターネットを始めたのか。

「ケータイを持った時からですね。でも、自分から『欲しい』と言ったわけじゃないんです。塾に行く時に、親から持たされたんです。中学生の時ですね」

平成17年（2005年）の中学生の携帯電話・PHS利用率は51・9％（内閣府「情報化社会と青少年に関する調査報告書」）なので、中学生が携帯電話を所持するのは一般的な時代だ。

――事件ではツイッターを利用していたが、ソーシャル・ネットワーク・サービス（SNS）はどんなものを使っていたのか？

「ありとあらゆるものを利用していたので、覚えてない。ホームページみたいなものや掲示板とかいろいろあったじゃないですか」

その中でも、事件で利用したツイッターは性に合ったのだろう。

――ツイッターはどんな風に使っていたのか？

「風俗の斡旋をしていた時に使えるなと思った」

白石は、歌舞伎町などで風俗のスカウトをしていた。その一環でツイッターでも、風俗斡旋専用のアカウントを持っていた。しかし、17年2月、売春させると知りながら、茨城県内の風俗店を女性に紹介したとして、職業安定法違反容疑で逮捕され、5月に執行猶予付きの有罪判決を受けた。風俗の斡旋とはこのようなスカウト行為を指している。

――相性がいい？

「というよりも、集まりがいい。つまり、仕事を求める人の反応がいい。すぐにダイレクトメール（DM）で反応がある。『仕事がしたい』って。これは犯罪の時にも使えるな、と思った」

白石は、DMでつながった女性たちとのコミュニケーションが成立すると、カカオトークやLINE（ライン）を使って、通話をしようとした。韓国企業傘下の日本法人NHN Japanが開発したラインは、東日本大震災をきっかけに、緊急事態にも大切な人と連絡をとるために開発された。カカオはラインよりも早く韓国系の企業が開発した無料通信アプリだ。

――カカオトークを使ったのは？

「誰に取材しましたか？」

白石は誰とカカオトークでやりとりをしていたのかを思い出そうとしていた。

「はい、はい、はい。思い出しました。何を連絡手段に使うのかは相手に合わせました。相手がラインといえば、ラインを使ったこともあります」

白石は、相手に徹底的に合わせるナンパ師なのだろう。まるで風俗の仕事を求める女性に情報を流すかのようだ。ネットナンパ師の中では、オーソドックスな行為だ。斡旋業と同じ感覚で、相手の要望にとことん合わせた。白石はネットナンパを繰り返した。

——ネットナンパを始めたのはいつですか？

「17歳の頃ですね」

——コツはある？

「叩き上げですね。数打つ感じです。お互いに写真を見せ合うこともありました」

——何か目的を持ってナンパしていた？

「その時々で目標を持ってナンパしていましたね。たとえば、エッチしたいだけとか、仕事の時とか。仕事とナンパしかないか」

「死にたい」とつぶやくと、ナンパされるというのは、2000年代前半の頃から、取材で聞く話だ。報道では、白石の彼女とか付き合っていたとする女性が取材に応じていた。たとえば、ある女性は「死にたい」とつぶやいていたことで声をかけられた後、「彼が『好きだよ』とか『付き合えない？』と、好意を伝えてきた」と証言している。

――恋愛はしていたのか？

「ネットからの出会いで恋愛はしたことはない。直接の知り合いの中でしか恋愛経験はない。逮捕された時に、付き合っていたとか言う女性が出てきましたよね。家に行ったとか、遊びに行ったとか。元カノだという女性もいたとか。あれは全部、嘘。だって、6年間、誰とも付き合っていないから。22歳の時からずっと。一緒にいたいと思った女はいない」

――恋愛に興味はない？

「恋愛には興味ありますよ。でも、理想が高いんです。顔とか、体とか、話がうまいとか」

――どんなタイプが理想なんですか？

「顔は（女優の）橋本環奈。体は（女優の）深田恭子ですね。いいじゃないですか？ガリガリ（に痩せている女性）は嫌なんですよ。だって、エッチした時に、恥骨が当たって、痛いじゃないですか。だから、普通体型の女性じゃないと嫌なんです」

――顔とか体とか、ネットじゃわからないじゃないですか？

「だから確認をしますよ。もし、普通体型じゃないならば、待ち合わせ場所でわざと帰ってしまうこともありました。エッチできそうだったけど、わざとしない時もありましたし」

実際にやりとりをした女性からDMを見せてもらったことがあるが、白石は首吊りなどに関して淡々と情報を発信していただけだった。

†事件と被告人のギャップ

私の取材では、見ず知らずの人同士がネットで集まり自殺をする「ネット心中」でも同じような、あっさりとしたやりとりが続く。そのため、白石がなんらかの下調べをしたのではないかと感じた。このことは確認したいと思っていた。

――会うまでのやりとりで、私が取材した女性とは淡々と情報交換をしていただけでした。そういうスタンスにしたのはなぜか？

「相手に合わせただけです。求めるものに合わせたんです。情報交換だけでなく、共感的なやりとりもありましたよ」

私が取材対象から見せてもらった彼とのDMのやりとりは、白石が意図的にしていたわけではないということか。女性が望んだから、というのが白石の証言だ。ネットナンパを徹底しただけ、ということになる。事件の周辺部分や直接関係ない部分は話をしてくれる白石。しかし、真相に近い質問だとなかなか答えない。素顔を知るため拘置所内での生活を聞くことにした。

――逮捕されてから、ツイッターもできないが、今は何をしている？

「暇ですよね。だから、今は、差し入れの漫画を読んでいます。古いですが、『ドラゴンボール』のフリーザ編を読んでいます。鳥山明先生は絵がすごい」

インターネットのない環境で誰とも会えないならば、漫画を読むという選択もあるだろう。特別な若者という感じはない。ちなみに、メディアの取材記者から雑誌の差し入れもあるだろうが、その記事も読んでいるのだろうか？

「差し入れられた雑誌は読んでいます。自分の記事を読むと、盛っているな、と思います。言っていないことも書かれていますが、そんなもんかな、と思ったりします。（麻薬取締法違反で逮捕・起訴された）ピエール瀧さんの記事も読みましたが、ひどい内容ですね。本人が読んだら自殺しても不思議じゃない」

彼が答える部分だけを聞くと、9人も殺害した男とは思えないほど、普通さが目立った。〝猟奇的な殺人者〟のイメージはない。面会中に何度も見せた笑顔と事件とのギャップに、ますますその正体を知りたいと感じた。

†出会いの裏で

座間の事件はインターネットの大衆化と、自殺というキーワードが結びついた結果の事件だ。スマホ時代になっても、ネットが事件を呼び寄せる。それは変わらない。

この事件で思い出した事件がある。次々に女性をさらった監禁王子事件だ。

青森県出身の小林泰剛が、平成16年（04年）3月8日から104日間、兵庫県赤穂市の19歳女性を東京・足立区のマンションに監禁した。女性は心的外傷後ストレス障害（PTSD）を発症し、監禁致傷罪で起訴された。懲役3年、執行猶予5年の判決を受けた。この事件は、それ以前に起こした類似事件の保護観察中だった。その事件で監禁された女性のひとりは、出会い系サイトで知り合った静岡県の17歳女性だった。別の21歳女性と結婚し、相手の姓を名乗っていた男が赤穂市の被害女性と知り合ったのはチャットだった。

彼が複数の女性と知り合う手口のひとつは、ネカマになることだった。ネットで女性のふりをしている男性のことだ。女性同士のほうが信頼関係が築きやすく、そうした特性を利用するネットナンパの手段のひとつでもある。関係を築くと、プレゼントを送るという名目で住所を聞き出す。そこで「ヤクザを送り込むぞ」などと脅し、女性を上京させた。そしてマンションにおびき寄せて、監禁した。

インターネットで知り合った相手と直接会う理由は、一様ではない。恋愛対象として魅力を抱き、会いたいという感情を掻き立てられた、といった理由が最もイメージしやすいが、何らかの不安を埋め合わせるため、友人としての信頼関係を築けたため、同じ趣味に関する情報交換のためという理由もあるだろう。

長らく「生きづらさ」（多用される言葉だが、抱えている悩みや不安をうまく表現できず、行動にしてしまうこと、と私は定義づける）とインターネット・コミュニケーションの関係を取材してきた。関連した事件が起きるたびに、背景に生きづらさがあるかどうか、その穴を埋めるための手段としてのコミュニケーションだったのかに注目してきた。

90年代中盤から恋愛や性的な関係、援助交際のための「出会い系サイト」、90年代後半から自傷行為をする人たちからなるコミュニティや自殺系サイトでのコミュニケーション、スマートフォンが普及するとともに広がったSNSの拡大などには生きづらさや孤独が見え隠れする。人は家庭、学校（会社）、地域社会という3つの空間に属しながら生きている。それらも居場所になりえるが、その空間での役割に行き詰まることがある。一方、インターネットは生きづらさを感じている人たちにとって、第4の居場所になり得る。匿名性の利点を生かしつつ、ストレス解消や癒し、快適さを得ることができる。「ネット以前」は、リアルな人間関係、対面コミュニケーションが中心だった。その延長上でトラブルや事件が起きた。しかし、「ネット以後」は、出会うはずのなかった「匿名の他者」とコミュニケーションできるようになったが、それによってトラブルや事件が起きている。

ネット・コミュニケーションには、技術や社会的なムードが反映する。最近では誰もがアクセス可能となったが、匿名性は以前より薄れた。リアルな関係でさえネットでもつながる一方で、コミュニケーション量が過剰になり、むしろ生きづらさを強化する。そんなネットの作法やコミュニケーションのありようの歴史について振り返る。

第一章

ネット時代前、あるいはネット以外の出会い系

†匿名コミュニケーションの需要

いまでは、出会いのための匿名コミュニケーションというと、出会い系サイトやマッチングアプリを思い浮かべる。自分のプロフィールを書き込み、一定の条件から相手のカテゴリを選ぶ。プロフィールは当初、文字だけだったが写真も掲載できるので、見た目も重視される。

匿名コミュニケーションのルーツはペンパル、文通友達である。文通はクラスの友達同士ですることもあるが、日常生活から切り離されたところで探した人が多いだろう。ネット以前は、雑誌などの文字媒体に頼っていた。趣味の雑誌には読者交流のページや文通欄があって、共通の考えや趣味、嗜好の人と繋がっていた。そこに特化したのが、個人情報雑誌『じゃマール』

だった。

『じゃマール』創刊は平成7年（1995年）11月。リクルート社の子会社リクルートフロムエーが発行し、当初は首都圏版のみだったが、97年には北海道版、東海版、関西版、九州版が続々と創刊された。個人による情報発信、商品の売買や交換が当たり前になる時代の幕開けだ。その文通欄にはポケットベル（ポケベル）の番号が書かれていたこともあり、出会い系メディアの走りでもあったが、次第にネットの普及に伴い劣勢になる。

『じゃマール』創刊と同じ月、ウィンドウズ95が発売され、パソコンの普及率が伸び始める。内閣府の「消費動向調査」によると、パソコンの世帯普及率が10％を超えたのは平成元年（1989年）だった。とはいえまだ10世帯に1台、パソコンを通じたコミュニケーションの範囲は一部だけである。ウィンドウズ95の登場で世帯普及率は15・6％、ウィンドウズ97で28・8％となり、3世帯に1台以上（37・7％）となったのは平成11年（99年）のことだった。

パソコンの普及にともなってインターネットの世帯利用率も急増した。総務省の「通信利用動向調査」によると、平成8年（96年）には3・3％だった世帯のネット接続率は、2年後の平成10年に11・0％、さらに翌年には19・1％となって、ほぼ5世帯に1世帯がネットに接続された。ちなみに巨大掲示板2ちゃんねるが開設されたのも平成11年だ。

情報発信や商品の売買、交換の場が、個人情報雑誌からネットへと徐々に移っていく。同年

9月に、Yahoo! JAPANが「Yahoo!オークション」サービスを始めたことも逆風になったのか、翌年『じゃマール』は廃刊となった。

†テレクラ、ダイヤルQ[2]

出会い目的のメディアは、ネットや個人情報雑誌だけではない。それらの登場以前から、匿名の男女が出会う仕組みは存在した。「援助交際」という言葉は、1970年代からの「人妻」(既婚女性)売春のことを指したと言われている。

「人妻」との出会いを普及させたのは「愛人クラブ」や「デートクラブ」だ。事前登録制で、男性には職業や収入のチェックがある。デート代は原則的に男性側が支払う。女性は出身高校や大学の申告が必要な場合もあるが、登録料は原則無料。モデルや客室乗務員などであれば、紹介率が上がった。

愛人クラブが衰退して登場したのが「テレクラ」だった。昭和60年(85年)、東京の新宿・歌舞伎町に一号店ができた。店舗にいる男性と、外から店舗に電話をかける女性が話をする。連絡先を明示しなくてもいいし、相手の連絡先を知らないままであっても不思議ではない。

警察が問題意識を持つのは早かった。社会問題として朝日新聞がテレクラを取り上げたのは翌年の4月3日夕刊だ。新聞記事によると、春休み中に東京で遊んでいた茨城県の女子高校生

3人が警視庁少年一課に補導された。3人はいずれも16歳の高校1年生だった。東京では、テレクラという面白いところが人気を呼んでおり、男の子と仲良くできると聞いて家出をしていた。新宿駅西口近くの事務所に寝泊まりし、友達から教えられた電話番号を頼りに、見知らぬ男たちと話し、デートしていた。この当時は「個室マッサージ」がどんどん摘発されており、それと入れ替わるようにテレクラが急増した。朝日の記事には、テレクラに電話をする女子高生が増え、「簡単にお金が手に入る」と少女売買春の助長を懸念する声が取り上げられた。

この意味でテレクラは「JKビジネス」(女子高生によるサービスを売りにしたビジネス)の走りとも言える。のちに青少年保護条例やテレクラ規制条例によって、18歳未満の利用が規制され、年齢確認のための身分証提示が必要になったが、厳格な確認は事実上不可能で匿名性が保たれた。

テレクラが流行した1980年代中盤は、国内外で社会が大きく変動した時代だった。85年にミハイル・ゴルバチョフがソ連共産党書記長に就任しペレストロイカ(建て直し)スタート、翌年チェルノブイリ原発事故が起こった。放射能汚染の不安の中、ソ連のグラスノスチ(情報公開)や周辺国との対話で、東西冷戦構造が揺らいでいた。日本では、男女雇用機会均等法が制定された年である(施行は翌年)。日米貿易摩擦を背景にG5蔵相・中央銀行総裁会議でプラザ合意が結ばれ円高不況に陥るが、むしろこれは「バブル景気」の契機だった。85年の新語・

流行語大賞の流行語部門金賞は宴会で囃し立てる「イッキ！　イッキ！」（受賞者は慶應義塾大学体育会代表）であり、この頃からさかんに「フリーター」という造語が、若者の新しい生き方として使われ始めた。

民営化によってできたNTTの株券が売り出された86年、NTTは「伝言ダイヤル」サービスを開始した。留守番電話のようにメッセージを吹き込むサービスで、当初は友人や親子間で利用する人が多かったが、次第に匿名の相手との連絡手段となった。そして平成元年（89年）に「ダイヤルQ²」がサービス開始となる。

ダイヤルQ²とは「0990」で始まる電話番号を使った有料の情報提供サービスだ。その中には、アダルト情報などの成人向けサービスがあり、さらに男女の出会いに関係するサービスも生まれた。それが「ツーショットダイヤル」や「パーティーライン」である。ツーショットダイヤルの仕組みはテレクラとほぼ同じ。ほとんどの場合、男性が有料、女性が無料のフリーダイヤルで、決められた電話番号にかける。男性料金はNTTへの支払いではなく、NTTを通じて、料金回収代行サービスで徴収される。テレクラのように店舗に行かず自宅で利用できたため「自宅テレクラ」とも呼ばれた。

世はまさにバブル景気に浮かれていたが、過労死が問題化し、大阪の弁護士グループが相談窓口（過労死110番）を開設したのは昭和63年（88年）だった。

流動化する社会でも、窮屈さを自覚する人は多かった。私がライフワークとして取材している「生きづらさ」というキーワードを耳にするようになったのもこの頃からだ。

†女子中学生の4人に1人がテレクラ経験

新サービスの仕組みが一般化すると事件が起きる。平成2年（90年）9月12日付の朝日新聞に掲載された強盗強姦事件は、見知らぬ者同士が8人までつながることができる「パーティーライン」を利用したものだった。伝言ダイヤルでパーティーラインを知った予備校生が、そこで知り合った身元不明の男とともに中学生と高校生を呼び出し、大阪府内のホテルで2人に性的暴行の上、現金7万6000円を奪ったという。

日本PTA全国協議会が、公立の中学2、3年生を対象にした生活意識・実態調査（平成6年）によれば、「テレクラに電話をしたことがある」と回答したのは男女あわせて17・2％だったが、男子は7・6％、女子は27％を占めた。イタズラ的な好奇心が含まれているにしても、4人に1人の女子中学生がテレクラに電話した経験があるということは、どこの教室にもいる女の子たちということだ。それだけ日常化していた。

私が長野県で新聞記者をしていた平成9年（97年）、県議会ではテレクラ規制が議論されていた。全国で規制がない唯一の県であったことや、ツーショットダイヤルのプリペイドカードがゲームセンター近くにあることが問題にされた。私が関心を持ったのは、ごく普通の女の子がテレクラなどを利用して、援助交際や下着を売っていたことを取材で知ったからだ。

それまで長野県は、性風俗やラブホテルなどは住民運動が中心になって排除する動きをしてきた。行政の力ではなく、世論を高めることでそれらの店舗等を排除する方針を取ってきた。長野県では、18歳未満の青少年との性交渉は平成28年（2016年）成立の「子どもを性被害から守るための条例」ができるまでは、条例違反ではなかった。しかしプリペイドカード式のツーショットダイヤルは、他の形態よりも匿名性が高く、家族や学校、地域社会の連携だけでは対抗しきれない実態があったことも要因だ。当時の取材メモによると、その年の8月中旬に、県議会の県政会（当時の最大会派、2002年に解散）県議団長と政調会長、総務警察部会長の連名によるアンケート実施をきっかけに、テレクラ規制の動きが始まった。翌年2月には、冬季五輪長野大会開催が控えていた。

スポーツの国際大会を機に浄化作戦が行われるのはよくあることだ。昭和39年（1964年）の夏季五輪東京大会でも、平成14年（2002年）のサッカーワールドカップ日韓大会でも、令和2年（20年）に2度目の夏季五輪を準備している東京でも、環境浄化は行われている。

†テレクラ利用女性のインタビュー

私は平成10年（98年）に新聞社を退職したが、テレクラ利用の女性たちのインタビューを続けた。長野県の場合、ほとんどがプリペイドカードを利用したツーショットダイヤルだった。

職場の先輩に誘われたことをきっかけに、20歳の可奈（仮名）は利用するようになった。両親は厳しかった。可奈の行動を監視する父親から逃れるように、地元ではない長野県で就職した。就職はできたものの、プライベートの友人がなかなかできなかった。職場で出会った男性と付き合うが、3ヶ月で別れてしまう。悩みを職場の先輩に話すと「いいバイトがあるけれどやってみない？　気晴らしになるよ」と誘われたのが、ツーショットダイヤルのサクラだった。男性側は1時間分のプリペイドカードで6000円を支払う。サクラの可奈には、1時間話すと1000円が、伝言1件にたいして50円が振り込まれた。月給が手取り十数万円の可奈にとっては魅力的な金額だ。実際に会うことに制限はないので気分とノリ次第で男性客と会った。ただ、その場だけの〝付き合い〟で援助交際はしていない。寂しさと時間を埋めるものだった。

いまだに街中や雑誌にテレクラ広告があるとはいえ、その衰退は著しくテレクラ経験を取材で耳にすることはほとんどなくなったが、35歳の智子（仮名）に話を聞くことができた。テレクラに電話し始めたのは平成12年（2000年）前後の17歳の頃だ。すでに出会い系サイトが登場し、テレクラの衰退が始まっていた時期だ。

この頃、智子は好きな人に振られて、「死にたい」と思っていた。幼い頃は太っていたが摂食障害になり、過食嘔吐を繰り返した。「自分の見た目が好きじゃない。痩せたいと思いだした。今度は拒食となり、20キロ痩せたんです。男性にもそれなりにモテました」。そんな時の失恋だった。リストカットするくらい落ち込んだ。

そんな智子にとって、テレクラはまさに居場所だと思えた。痩せることで男性も相手にしてくれた。その象徴がセックスで、男性依存や性依存の傾向が強まった。テレクラの特性は匿名性だけではない。ネットでの関係づくりでも言えることだが、話す時間の長さ、相手との類似性、好感的な態度、ある程度の自己開示によって親密な関係ができあがる(パトリシア・ウォレス、川浦康至、和田正人、堀正訳『インターネットの心理学』)。

智子の父親は居酒屋の店長。仕事ばかりの人で、子育てには参加しなかった。母親は専業主婦だがほとんど子育てをしないネグレクトだった。「今考えれば、周囲に、虐待をされていた子が多かったですね」。経済的に厳しい親類ばかりのためか、両親の家系には高学歴の人はいない。父親からは「女は結婚するから大学に行く必要はない」と言われて育った。「私は爪を噛むクセがありました。普通は親がやめさせたりするのでしょうが、しませんでした。お風呂に入るのは週1回、パンツを替えるのも週1回でした。いじめに遭うと思うかもしれませんが、そんな子ばかりだったので普通でした。むしろ、高層マンションに住んでいた女の子がいじめられていました」。

現在は結婚しているが相思相愛で結婚したわけではない。夫との出会いは「自殺系サイト」だった。夫とはセックスレスだがSNSを通じて性的な関係となった男性がおり、夫は離婚したがっている。テレクラでも自殺系サイトでも、一時的な癒しは得られたが、結局は居場所となり得えなかった。

歌舞伎町の老舗「リンリンハウス」が平成29年（2017年）6月に幕を下ろしたことは、かつて一世を風靡したテレクラの終焉を象徴するだろう。携帯電話が普及し始めた頃から、リンリンハウスはボックス内で、有料の出会い系サイトを利用できるサービスも始めるなど、客を増やす努力をしてきたが、スマートフォンの普及もあって、出会いビジネスは、ガラケー主体の出会い系サイトからSNS主体に変化、しかも無料サービスへと移っていく。

†耳かき店の誕生とストーカー殺人

コミュニケーションの場をどのようにビジネスとしていくか。業界はアイデアをひねり、様々なサービス形態を生み出す。「耳かき店」もそのひとつだ。客である男性は耳かき（トークやゲームも）してくれる女性を指名し、店はキャバクラ嬢のように人気を競わせることで、多くの男性客を集めるようになった。

耳かき店が出店できるようになったのは平成17年（2005年）だった。厚生労働省医政局長名で通知された「医師法第17条、歯科医師法第17条及び保健師助産師看護師法第31条の解釈について」（7月26日）で、「耳垢を除去すること（耳垢塞栓の除去を除く）」が医業ではないとされた。以降、都市部で耳かき専門店が大衆化した。そんな中、事件が起きる。

平成21年（09年）8月3日、東京都港区西新橋で、耳かき専門店の従業員の21歳女性（源氏名はまりな）と、78歳のまりなの祖母が刃物で刺された。祖母はその場で死亡。まりなは病院に搬送されたが、1ヶ月後の9月7日に死亡した。住居侵入、銃刀法違反、殺人と殺人未遂の容疑で逮捕されたのは、耳かき店の常連客、林貢二受刑者（無期懲役が確定）だった。まりなの死亡により、2人の殺害で起訴された。

この事件は、対面コミュニケーションによるビジネスをベースにしているものの、ネット・コミュニケーションや感情が複雑に絡み合った事件でもある。検察側の証人として出廷した「山本耳かき店」秋葉原店の店長によると、耳かきをする場所は3～4畳のブース。隣との仕切りとして高さ1メートルのベニア板があり、すだれがかかっている。基本サービスは30分で2700円、60分コースが4800円。指名料が30分500円。性的サービスはない。店外で会うことは原則的に禁止。客は30～40代が中心だ。

まりなは事件の前年1月から同店に勤務した。客からは人気もあり、在籍100人以上いる中でナンバー1。店長によれば、「裏表がない性格。どんな客でも同じ接客が受けられていた」。まりなは、土日は秋葉原店で22時まで。その後、新宿東口店で23時から翌5時まで勤務していた。

林は「私しか知り得ないことがほとんど。責任を果たしたい」と証言した。自殺を考えたものの思いとどまり、裁判に臨んだという。26歳で膠原病を発症して治療中でもあった。28歳から一人暮らし。土日は休み。耳かき店のことは事件前年の2月にネットで知って、仕事の休みを利用して、「山本耳かき店」に通うようになった。金曜日、土曜日、日曜日に来店した。林は、店では「ヨシカワ」を名乗っていた。

2回目の来店からまりなを指名した。5月頃から、それまで1回1時間だった利用時間は、3時間に増えていく。林は、嫌な客への対応としてまりなから「名前を確認して、時間を短くしてもらっている」と聞いていた。これはまりなの営業トークだろうが、時間延長している林にとっては、嫌われていない、距離を縮めたいと思うことにつながったのだろう。林の行為はエスカレートする。

店長は裁判でこう証言した。「ヨシカワは、『(秋葉原店から新宿店へ)一緒に移動したい。できないのはお店のルールを言っているのか？　お前の意見だろ！』『僕とまりなさんとの仲を引き裂きたいだけだろ』とも言ったが、ひたすら無理だと言い続けるしかなかった。最後は引き下がった」。結局、林が「手を握らせてくれ」と言ったり、長時間の予約を入れたことで揉める。子どもじみた行為を繰り返したことで、林は出入り禁止となった。

その後、来店しなくなったが、ある日、まりなから店長に「新橋駅にヨシカワがいる」と電話があった。自宅の最寄り駅であり、その数分のところに新橋店がある。秋葉原店の店長は「（新橋店に）逃げ込んで」と伝えた。と同時に、新橋店の店長に対して「家まで安全に届けるように」と指示した。ゴールデンウィークをすぎる頃、まりなから店長に「また帰り道にヨシカワがいる」と電話があった。7月頃までは新橋店の店長に自宅まで送らせた。送るのをやめたのはまりなが「もう大丈夫」と言ってきたためだ。

しかし数日後、トラブルが発生した。最寄り駅や自宅付近で、まりなが林を見かけたのだ。まりなは周囲に、怖いと話していた。防犯ブザーを持ったり、変装もした。まりなの誕生日だった7月15日、動揺した様子で「駅にヨシカワがいた」と慌てた。他の従業員の女性たちも「気持ち悪い」と話したという。

こうした経緯を聞くと、林がストーカーのように見える。一方、林の被告人質問を聞くと、この日、林が駅にいたのには理由がある。林は「誕生日にお菓子を買って行く」とまりなと約束し、有給休暇をとって店に向かった。早めに秋葉原駅に着いたので時間を潰すため歩いていると、まりなと出会った。まりなは「時間なので先に」と言い、出勤して行ったという。林が店の階段の踊り場に着くと、若干、扉が開いていて、内側でまりなと店長と他の女性従業員の3人が話していた。この偶然が「待ち伏せ」と疑われかねない。林は「誤解されるのは嫌なので、そのまま帰ることにした」と証言した。その後、林は店に行かなくなったが、気になってまりなのブログを読んだ。そこには〈突然です、元気かな？　ぴよ吉〉と書かれていた。

近年では、対面コミュニケーションのビジネスでも、ブログは欠かせないアイテムだ。客に親密さを感じてもらう手段である。客側はブログを読む行為によって、つながっている感覚を得られる。

週に何度も、一緒に夜から朝まで狭い部屋で過ごし、お金と時間、エネルギーを費やした林の、まりなへの心理的な距離感は、一方的ではあるが、縮まっていく。もちろん、まりなもまったく気を許していなかったわけではないだろう。〈ぴよ吉〉というのは、2人で決めた林のあだ名だった。他人にはわからないメッセージであると読めた。林が、親密さ以上の感情を抱いても不思議ではない。このブログをきっかけに、待ち伏せしたという誤解が解け、いったん離れた距離がさらに縮まる。来店時のサービスが終わる頃、次の来店を予約する。いつしかメールアドレスを交換する仲になった。店としてはメールアドレスの交換を禁じていることから、これも特別な関係を意識させたのではないか。

まりなが新宿東口店でも働いていることもあり、林は11月28日、同店にも客として出向く。翌年3月28日まで、月1、2回のペースで新宿に通いつめた。2月から3月のまりなのブログによれば、出勤は17時までとなっていた。しかし実際には、まりなの土日勤務は22時までだ。「(まりなに) 土日遅い時間、他の客が入ることはない。17時以降は、公には (店で働いて) いないことにしていると言われた。そこまでするってことは、私が行かないという選択はない。ありがたいが、ちゃんと行かないといけないという責任感を感じた」。キャバクラなどのいわゆる「色恋営業」と同種だろう。耳かき店にもそうしたスタイルが定着していたということだ。

まりなにとって、いくらビジネスでの関係だとしても、長時間一緒に過ごしていれば、プライバシーを明かすこともある。本名を言ってしまったり、駅から家までの道順を話してしまったり、家の前で撮った家族の集合写真を見せたこともあった。林は「家の形がはっきりとわかった」と述べている。林は、恋愛も結婚も考えていなかったと証言しているが、まりなにストーカーと思われ始めて距離を遠ざけられると、睡眠に障害が出て1〜2時間しか眠れなくなった。注意力が低下し、仕事の能率が下がり、初歩的なミスをするようになる。

林はまりなの帰宅途中で声をかけた。また店に行きたいと言う林を、まりなは「無理です」と拒絶して怖がった。その後、メールを出しても受信拒否。林に、悲しさ寂しさが込み上げてくると同時に怒りの感情が湧く。しかし店に行きたいという感情は残っていた。待ち伏せしたが会えない。「帰宅経路を変えたのか」と思い希望がなくなった。「絶望感を抱いた。私自身が行動を起こしているが、追い詰められている。一つ一つ道を閉ざされているような感じ」。事件当日の8月3日、まりなを殺したいと初めて思った。

家にあった刃物やハンマーを準備した。まりなの家に着いても、当初は殺害の気持ちは固まっていなかったが、徐々に「許せない」と思うようになり犯行に至った。「大変なことをした」と認識できたのは留置所に入ってからだった。

膠原病で結婚を諦めた林の不安や孤独、孤立。まりなはそんな林を癒してくれた。ブログやメールなどを通じ、心理的、精神的に癒された。しかし、結末は最悪のものになった。

†出会いカフェの誕生

コミュニケーション・ビジネスは、社会問題となる事件や警察の取り締まりが強化されるたびに古いサービスが衰退し、新ビジネスが誕生する。「出会いカフェ」もそのひとつだ。

朝日新聞に出会いカフェの事件が取り上げられたのは、平成19年（2007年）4月26日の新潟版だ。出会いカフェで知り合った20歳の女性を昏睡状態にし、ホテルに連れ込んで現金を奪う昏睡強盗容疑で、45歳の上越市立小学校教諭が警視庁に逮捕された。教育委員会の教育長が会見し「教員としてあるまじき行為で、非常に遺憾だ」と謝罪した。東京都内で犯行があったとされるのは前年12月下旬で、教諭は「東京の姉の所へ遊びに行く」と1日半の年休を取っていた。校長は「平生の勤務態度に問題はなく、子どもたちからも親しまれていた先生だった」と話し、ショックをあらわにしたという。およそ3ヶ月後の大阪版（7月25日付）には、『出会いカフェ』増殖／買春を誘発／警察警戒」という記事が掲載されている。「出会いカフェは、繁華街の雑居ビルの一室などにあり大半が深夜まで営業。店内ではソフトドリンクを飲みながら雑誌を読んだりパソコンや映画のDVDを見たりできる。長時間の滞在が可能で、表向きは喫茶店やネットカフェと似ている」。

いくつかの出会いカフェに行ったことがある。男女とも入り口で身分証明書を提示する。女性は無料だが、男性は一定の金額を支払う。時間毎の料金、半日や1日といったパッケージ料金もある。ほとんどは、マジックミラーで男性側と女性側が仕切られている。男性が女性を指名して、個室で10分間話す権利がある。話しがまとまれば、外出することができる。指名料金や外出料金がパッケージに含まれていることもある。

女性との外出だけが男性側の目的とは限らない。マジックミラー越しに女性がいる出会いカフェを訪れた時だ。新しい女性が来るたびに、しつこくミラー前に陣取りをする男性がいた。そこにカウンター席がある。女性がミニスカートだと下着が見える。それが目当てだ。屋内外でのぞきをするのはリスクがあるが、出会いカフェのマジックミラー越しに〝下着が見えてしまう〟ことに罪の意識はないし、誰も通報しない。のぞかれた女性も被害意識はないし、その行為も料金に含まれている感覚だ。のちの「女子高生のぞき部屋」という、女子高生がただ部屋で遊んでいる姿を観察する店につながる〝サービス〟だ。

†出会いカフェ殺人事件

出会いカフェでのトラブルをきかっけとした殺人事件が起きたのは平成22年（2010年）9月。東京・池袋のラブホテルで22歳の女子大生、花凜（仮名）の遺体が発見された。逮捕されたのは29歳の紺野正美受刑者。72歳の知人男性と一緒に渋谷署に出頭した。翌年2月18日に東京地裁で下った判決は懲役14年（求刑16年）だった。

公判などから明らかになった事件の概要はこうだった。平成22年（10年）9月25日0時頃、花凜と紺野は、池袋の出会いカフェ「キラリ」で知り合い、近くの居酒屋へ行った。花凜が提示した条件は、居酒屋で1時間1万円。紺野は了解した。居酒屋には翌26日の午前1時50分までの2時間弱おり、紺野は2万円を手渡す。居酒屋を出た後、花凜は「ホテルなら3万、カラオケなら1万」の条件を再び出した。

紺野はホテルを選択するが、手元に現金がなかったために、出会いカフェから100メートルもないマンションへ立ち寄った。知人が紺野に貸していた部屋だ。花凜は部屋の外で待っていた。その後、コンビニに寄り、ラブホテルへ行く。セックス後、花凜がシャワーを浴びている時、財布にあったはずの1万円を取られたと思った紺野は、花凜に詰め寄ったあげく絞殺。犯行後、紺野はマンションに戻り、6時35分にマンションを出て、横浜へ向かう。横浜みなとみらい21をぶらついた後、横浜市内のホテルにチェックイン。そこから知人男性に電話をして、渋谷に向かう。そこで知人男性に説得され出頭した。事件当日、紺野は最初から出会いカフェに行くつもりだったわけではなく、「誰かと話したいと思った」と証言した。

裁判を傍聴した翌日、私は現場周辺を歩いた。匿名メディアであるはずの出会いカフェなのに、なぜ自宅近くを選んだのか不思議だった。紺野に手紙を出した。その返事には、裁判や報道ではわからない紺野の人生を垣間見ることができた。

紺野は、幼い頃から母親との関係で苦しんでいた。キリスト教系の新宗教を強く信じている母親は、生活のかなりの部分で制約を課したという。最初の手紙に「今回の事件は、幼い頃は母親から、10代の終わりからは知人男性(手紙では実名)から受けた影響」と書かれていた。紺野の幼い頃に両親が離婚、母親と2人で宗教行事に出かけた。

「母が信仰していたのは、『エホバの証人』です。とても敬虔な信者で、私の幼い頃にはよく言われたのが、私が20歳くらいまでには、この世の体制が終わり楽園が来る。楽園には老いや死はなく、永遠の命が与えられる、だから学校の勉強などよりも聖書を読んでエホバを信じなさい、などです」「町で宗教を学んでいる子どもは私一人でしたので、学校の友人と遊びはしましたが、よく帰ってから怒られていたので、あまり遊ばなかった」（2回目の返信）

被告人質問でも、母親との関係に触れている部分がある。検察官が「母は宗教にはまっていた。学ぶところはなかったのか」と聞くと、紺野は「学ぶところはたくさんあった。人に対する優しさ、思いやり。どんなことが悪いことなのか。何をして生きるべきかを」と答えた。ただ、中学時代に反抗した。「産まなければよかった」となじられ、言い争いになり、母親に手を挙げた。高校は中退して、県外に働きに出ることを選ぶ。

†金銭トラブルから犯行へ

紺野と知人男性は約10年前に知り合った。飲食店で、知人男性が声をかけたのがきっかけ。住む場所に困っていた紺野に対し、使用していないマンションの部屋を貸した。男性は取材にこう答えた。「東北同士で息が合った。山形と東京を往復。東京にいない方が多い。部屋がもったいないから、貸してあげようと」。

その後知人男性は、紺野の自立を促すこともしていたが、平成22年2月、約1年京都に住んだ後、再び池袋のマンションに戻って来た。「私自身、貧乏な時期があり、いろんな人に支援してもらった。だから、困っている人を見ると、支援したいと思うのです。もちろん、紺野とは最初からうまくいっていたわけではない。でも、憎めない。付き合いが長くなれば親近感もわく」(知人男性)。事件の少し前から、知人男性は紺野がうつ病ではないかと心配し、クリニックを紹介した(実際に紺野が通院したのは別の病院)。

ちなみに紺野は、自分を抑えられない面があったことが被告人質問(反対尋問)で指摘されている。事件前の6月、アイリッシュパブに勤めていた時、恋人から「一緒にいても楽しくない」と言われ、別れ話になって怒鳴りつけたという。「混乱して、ヒステリックになり、声をあげた」(紺野証言)。手紙でも紺野はこう書いている。「直接的な原因は金銭トラブルからの口論ですが、本質的には私の弱さや歩んできた人生に問題がある」。もともと自己表現がうまくない紺野は、恋愛場面で不器用な面があったに違いない。何かトラブルを抱えるとパニックになる一面があるが、性格と事件との関係はあるのだろうか。

知人男性は(裁判のような場に)慣れていないことを理由に、法廷で証言しなかったが、証言したほうがよかったと振り返り、次のように述べた。「殺害時のことを(法廷で)細かく話していたが、実際にはパニックだったはず。体が弱いために仕事が続かず、犯行当時も無職。1万円を取られたことで『次の日からどうやって暮らして行けばいいのか?』などと思ったのではないか」。

検察官が示した供述調書によると、26日午後5時頃、紺野は知人男性に電話をする。午後6

時頃、2人は渋谷で落ち合う。知人男性は、事件に関係しているとはすぐには信じられなかったが、「殺したのか?」と問いただす。紺野は「はい」とうなずく。知人男性は絶句。紺野は眠れない日々が続いていたし、自傷行為もしていた。「自殺をするか、刑務所に行くか」と迷っていたが、知人男性による説得の結果、出頭することにしたという。

トラブルのきっかけは、財布にあったはずの1万円を取られたと思ったことだ。判決では、花凜が1万円を抜き取ったという事実認定はされていない。しかし、紺野が財布から抜き取られたと思い込んだことは事実として認めた。

殺害された花凜は、検察官が読み上げた遺族の供述調書や、姉の証言、母親の最終陳述を聞くと、どこにでもいるような女子大生だ。ただ、父親が転職したのをきっかけに、家計が苦しくなり、アルバイトをしていた。お金を稼ぐ手段のひとつが出会いカフェだった。将来の夢は、自分でファッションのブランドを立ち上げること。大学でも服飾の勉強をしていた。母親は最終陳述でこう言った。「家が貧しかったからと思うと、申し訳ない。本当にごめん。会いたいです。会って謝りたいです」。

事件当日「誰かと話したい」と思った紺野と、家からお小遣いをもらわずに「必要なお金は自分で稼いでいた」という花凜。殺人事件となったのは、両者にとっても不幸だ。

紺野は最初の手紙で「私が何かのお役に立てることがあるのであれば手紙の交換に応じるこ

とはできます」と言っていた。しかし2回目の手紙では「ご遺族のことを考えると、あまり語らない方が良い」と書かれていた。「反省すればするほど、刑が軽くなる行為とみなされ、逆にご遺族を傷つけてしまった」。紺野はこれ以上、語らない選択をした。

†JKビジネスとは何か

ネットの出会い系の場合は、いわゆる「出会い系サイト規制法」があり、現在は、公安委員会の登録が必要だ。出会いカフェは、規制は自治体によって異なるために統一基準はなかったが、平成23年（11年）1月、風俗営業適正化法の適用対象として一律に規制された。

出会いメディアは誕生の当初は、トラブルがあっても、慣れた人が遊んでいたためもあり、事件を回避できた。しかし、一般に浸透すると、遊び慣れていない人たちも参入する。そんな時に犯罪が起きる。

事件を呼び起こすリスクは、現在の「JKビジネス」に通じる。コミュニケーション・ビジネスの一形態だからだ。プライベートな関係性をつくれないが、コミュニケーションを楽しむことができる。違法だが、「裏オプション」（裏オプ）で、性的接触をする場合もある。

JKビジネスという言葉が、新聞に登場したのは平成25年（13年）12月29日の朝日新聞（東京・西部版）の朝刊だった。「取材ノートから」という年末の特集だ。その連載4回目。個室内で客の要望に応じて撮影できる「ＪＫ（女子高生）撮影会」の店舗を取材した内容だった。秋葉原だけで約１００店あると書かれている。撮影会は平成12年前後に誕生している。私が当時取材したのも女子高生がモデルだったが、「ＪＫ」という言葉は使われず、「撮影会モデル」と呼ばれていた。コスプレをして、お客の要望に応じて、ホテルやカラオケ店、公園などで撮影する。モデルは女子高生のほか、大学生やフリーター、ＯＬらがしていた。ＪＫ撮影会も、実際には、高校中退者やフリーター、大学生、社会人が入り混じっていた。

こうした新風俗ビジネスについて、まず飛びつくのは主にサブカル雑誌や写真週刊誌である。一般紙やテレビで報じられる段階というのは、実は警察がマスコミを使って危険性をアピールしているということだ。少なくとも私がその存在を知ってから10年以上が経っていた。しかもあえて「ＪＫビジネス」とするのは18歳未満の売買春を「援助交際」として語られた時と同じように、低年齢女子が被害者になっているという印象を与えるためだろう。

この背景には警察が、女子高生がマッサージサービスをする「ＪＫリフレ」を問題視したことがある。この頃から警察は、18歳未満を働かせてはいけない有害業務に該当すると解釈するようになった。少女が客の手足をマッサージするＪＫリフレは、当初は風俗営業適正化法の適用外だったために新解釈をつくったのだった。警視庁はＪＫビジネスを、労働基準法での摘発に乗り出した。

規制される前、女子高生のいるリフレ店に行ったことがある。現役生もいたが、中退者、通信制高校に通う18歳以上の女性もいて、様々な年齢層が働いていた。ひとくくりにJKビジネスと言ってもコンセプトは様々で、メイドやアニメのキャラクター、あるいは地下アイドルがサービスを提供するものが多かったように思う。たとえばJKカフェは、女子高生が店員を務める喫茶店のことだ。メイドカフェにメイドがいるように、JKカフェには女子高生がいる。散歩というオプションがあって、なかには裏オプ（性交渉など）がある店もある。それが児童買春の温床との批判の高まりにつながった。裏オプのない店は多いのだが、批判的な世論から経営が難しくなり、閉店に追い込まれた。

裏オプなしの店舗の店長に取材できた。「以前は、パンチラカフェなんてありましたよね。その頃は（そうしたビジネスに）からんでいなくて。別のJKカフェで働いていた。当時はまだJKビジネスという言葉もなく、批判もない。もともとこの店も、イケイケなカフェで接客もしていた。しかし、規制も厳しくなり、ダラけた感じの店になった。そんな時に店を任された。俺で3代目です」。

どんな人が接客をしているのだろうか。「JKカフェで働いている、と親に素直に言っている子は少ないんじゃないか。JKビジネスイコール水商売というイメージが強い親御さんも多いですから。よくは思っていないでしょうね。時給は1000円で交通費なし。近くに住んでいる子なら他のバイトよりもよいかもしれないけど、遠い子は交通費で出ていってしまう。日払いが可能なので、今すぐにお金がほしい、という子もいる」。

†ＪＫビジネスで働く理由

18歳の絵里（仮名）は、中高一貫校の高校生だった。中学までは順調だったが、高校1年の5月、雰囲気が合わないため、中退。転校したが、卒業前に高卒認定試験を受け、高校には行かなくなった。「別のＪＫカフェで働いていたんです。このバイトは、女の子はみんな仲がいいし、バイトを変えるのは面倒です。父親と母親と別々にお小遣いをもらっている。月でいうと10万くらいかな。このバイトでは月3万から5万円です」。

父親は公務員。母親は税理士事務所で働いている。経済的な困難さはない。そして、バイト代と小遣いで15万円という収入だ。都内の高校生のお小遣いは3000～1万円と言われているから、それに比べるとお小遣いだけでも平均の10倍。財布には平均して4万円は入れているが、「今日は、1万円」と中身を見せてくれた。

「母親は精神的に不安定なんです。本気で殺しにかかってくる」。小さい頃から父親が絵里さんと母親を虐待していた。母親に首を絞められたこともある。そのため、中学3年の時に初めて家出をした。1ヶ月間、帰らなかった。リストカットをすることもあった。自律神経失調症で、かつ過食や拒食が続き、不眠でもあるという。現在も彼氏の家に〝家出〟をし、帰らないことがある。そうした時の食事代や美容、服を買うために、月の収入はすべて消えていく。貯金はない。「援交の温床と言われるけど、やる子はやるってだけ。誘われたことあるけど、私はやらない。お金が欲しいなら親に言えばいいから。ここには遊びに来ている感じ」。

高校3年の恵美（仮名）は表参道のカフェで働いていたが、友達の紹介でJKカフェでも働く。時給はどちらも同じ。月々のお小遣いはもらえない。表参道のカフェとJKカフェのバイト代合わせて月8万円の収入だ。「ほとんどは将来のために貯めておく。でも家に一部を入れている。遊びにも使う。この前は友人5人で、（福島県いわき市の）ハワイアンズに行ってきました」。父親はサラリーマン、母親は公務員。経済的には安定しているが、子どもの4人中3人が私立の学校に通っているために家計に余裕はない。

家族関係はどうか。「父親は母親へ、言葉の暴力がひどい。冷たい。時には突きとばす。でも、私を含めて子どもたちは何も言わない。何も言わないほうが早く終わるんです。なので私は母親の愚痴を聞いている。無言で耐えている。昔は、そんな母が怖かったが、今では〝かわいそうな人間〟としか思わない」。

絵里も恵美も、家庭が居場所ではなかったという共通点がある。けれど一方で、困窮しているわけでも家庭環境に問題があるわけでもなく、働いている女の子も少なくない。恵美をこの

ＪＫカフェに誘った希美（仮名）は、高校1年の夏から働いている。恵美と同じバイト先の表参道のカフェで先輩から誘われた。

父親は自営業。祖父が創設した会社の社長だ。母親はその会社の事務で働く。家族は仲が良い。お小遣いは月1万5000円。バイト代とあわせて月10万円。目的はないが貯めている。残りは自分のために使っている。「何に使うのか？　友達とご飯に行ったり、好きなダーツをしたり。ディズニーランドにもよく行く。旅行にも使う。沖縄とかかな。あとは洋服を買ったり、美容に使ったり」。

ＪＫカフェで働くことをどう思っているのか。「ＪＫってすごい。ブランドだよね。危ないって言われているけど、そんな目にあったことはない。ラインの連絡先を交換するけど、1回目から教えた人はいない。何度も来て、常連になってから。ラインでは性的な話になるくらい。一度、どこか行かない？　というメッセージは来たかな。無視したけど。親にも店のことは言ってあるので、何かあったら話す」。

秋葉原の路上では、ＪＫビジネスやメイドカフェなどの女性たちが店の宣伝を行っている。コミュニケーション・ルーム（ＪＫコミュ）で働く17歳の梨枝（仮名）も、その一角にいた。梨枝は進学校に通い、特に家庭環境に悩みがあるわけでもない。ＪＫコミュは部室のような空間で机越しに男性客と話をする。飲食の提供はない。彼女は高校1年生の11月から1月中旬まで働いた。

彼女が働き始める頃には、すでに「JKビジネスは、性犯罪被害の温床」とささやかれていたが、梨枝はそうした情報に触れたことはなかった。たまたま店舗のアカウントを見つけ、友達と一緒に面接に行くと即採用が決まった。ツイッターで、JKコミュの客の最高齢は70歳、下は男子高校生まで。月に1回は女性客を相手にすることもあったという。

JKコミュと旧来のアルバイトとの違いは何か。「アルバイトは労働力って感じです。私でなくてもいい。でも、この仕事はモチベーションがあがります。指名は、〝私〟だから。バイトに行かなきゃ、という気持ちになりました」。通常のアルバイトよりも自尊感情が高まるのだろう。男性客らがどのように見ているかは別だが、営業スタイルは「友達感覚」。公式なオプションはそれほどない。指名料金のほかは、ポラロイド写真を撮る「チェキ」ぐらいだ。

そんな梨枝は、たった2ヶ月強でJKビジネスをやめた。インフルエンザになったからだ。

その後、JKビジネスに関する注意喚起を目にする。チラシには、「それはJKビジネス！こんなバイトは危ないよ！」などと書かれていた。JKビジネスの例として添い寝やハグ、マッサージをする「JKリフレ」、観光案内や街歩きをする「JKお散歩」、テーブルやカウンター越しに客と話す「JKカフェ」、制服や水着、コスプレに着替えて撮影をする「見学・撮影」、客と同席し、会話や占い、ゲームをする「JKコミュ」とあった。

「短期間しか働いていないので、悪い影響を受けていない。ただ、世間知らずになっていたかな。バイトを辞めた後に、学校で、藤田ニコルちゃんの写真がある、ＪＫビジネスの注意喚起のチラシが配られました。さすがにリフレは危ないと直感で思っていましたが……」

取材の印象として、ＪＫビジネス全体が性犯罪被害の温床というわけではない。家庭環境が複雑な女子高生もいるが、特に問題ない女子高生も働いていた。心の隙間があったり、寂しさを抱えている女子高生もいるが、そうした背景を感じない子もいる。つまり働いている〝ＪＫ〟のタイプも事情も仕事内容も、すべて多様であり、ＪＫビジネスとひとくくりにして先入観で判断すると見誤るということだ。

ただ最近、ＪＫビジネスは、一定の条件下では都道府県条例で有害役務として規制されることが多くなった。

第二章

孤独と欲望が渦巻く出会い系サイト

†携帯・パーソナルメディアの誕生

平成の最後にもまた「出会い系サイト」に起因した殺人事件が起きた。警視庁捜査一課は平成31年（2019年）1月31日、茨城県神栖市で日本薬科大学1年の女子大生の遺体を発見、死体遺棄の疑いで35歳の無職の男を逮捕した。東京都葛飾区に住む被害女性は、前年11月20日から行方不明になっていた。報道によると、男は「（ネットの）掲示板で知り合った女性に騒がれてしまい、車の中で殺してしまった」と、殺害も認めている。ネットの出会い系に関連した殺人事件は2000年代前半に多かったが、いまだに続いている。

携帯電話の歴史を見ると、1990年代は、第一世代移動通信システム（1G）から第二世代移動通信システム（2G）への移行、徐々に携帯電話端末が普及していく時代だ。私が初めて購入したのは、平成7年（95年）になった頃だ。

いまほど携帯電話が普及する直前には、ポケベルによる文字コミュニケーションの全盛時代があった。数字のみの送受信から、言葉の送受信ができるようになると、ポケベルによるコミュニケーションの幅が広がった。日本テレビ系列のドラマ「ポケベルが鳴らなくて」が放送され、同名の主題歌が発表されたのは平成5年（93年）だ。手軽なコミュニケーションは拡大の一途を辿った。私が新聞記者の頃、ポケベルの加入者がピークを迎えた。平成8年（96年）の加入者数は1061万人だった（総務省）。

まず女子高生たちが飛びつき、学校内に設置された公衆電話は休み時間のたびに行列ができた。メッセージを送り合う間柄は「ベル友」と呼ばれ、1990年代中盤にマスコミで注目された。いつでも、なんとなく、誰かとつながっている、という感覚。今では当たり前の感覚だが、始まりはポケベルだった。電話は音声によるコミュニケーションだが、ポケベルは手紙同様に文字（数字や記号を含む）が中心だ。そのやりとりは、対面と比較すると情報量は少ない。ポケベルは当初、ほんの一言だけの送受信だった。テキスト（言語）によるコミュニケーションは、それだけ「手がかり」（cue、キュー）が少ない「キューレス・メディア」である。現代で言えば、ラインのスタンプは、言語では表現できないキューを備えている。

キューレス・メディアでありながらもポケベルは、固定電話や手紙と違って「家」を介さない。メッセージは個人しか受けとれない。家族に黙って盗み読まれる確率は低い。まさにパーソナルなメディアで、即時的なコミュニケーションが可能になった。それを手にした若者たちは「匿名の他者」とのコミュニケーションへの関心が高まっていく。

私は取材を通じて、その背景には日常の「生きづらさ」があると感じる。生きづらさを抱える若者たちは、日常の、実名的な関係である家庭や学校、職場、地域といった空間以外の第4の場所として、匿名の他者とのコミュニケーション空間を選ぶ傾向がある。「日常的に周囲に規定されてきた自分」を解放して「本当の自分」が出せる（出せるような気がする）。こうした素地が、匿名の他者とのコミュニケーションには潜む。家庭と学校（職場）と地域社会の三者と、生きづらさを抱えた若者たちとの間のずれが、パソコン、ネット、ケータイ、スマホによって、はっきりと可視化された時代が平成だった。

「演じている」「自分がない」「本当の自分ではない」などのフレーズを、私は取材でよく聞く。実名関係のサポートがあるからこそ、現実の私たちは支えられ、救われ、癒される。しかし、そこからはみ出したりこぼれ落ちる者は出てくる。自分らしく存在することができないし、自分らしく生きようとすると周囲との摩擦が生じる。

そんな感覚を反映した事件が、平成20年（2008年）6月8日に起きた秋葉原無差別殺傷事件だった。加藤智大死刑囚は、犯行直前に、携帯電話から匿名掲示板で「演じさせられてた」と書き込んだ。

6月7日
16時01分　小さいころから「いい子」を演じさせられてたし、騙すのは慣れている。

その時代の若者たちが感じていた「生きづらさ」を言語化する内容だ。この書き込みは、誰かにリアルタイムで読まれていたわけではないが、事件後に関心を持たれ、共感され、一部には支持された。加藤が抱えていたものとは違うかもしれないが、孤独という認識に共通するものを感じた人がいたのだ。

†日本が切り拓いた携帯技術

コミュニケーションツールの普及は、物理的な障壁はもとより、心理的なそれも低くする。ネット上で知り合った匿名の他者と実際に会うことの抵抗感も弱まる。私が匿名の他者と最初に会ったのは平成6年（94年）の冬だった。買ったばかりのパソコンで、「NIFTY-Serve」の通信を始めた。そのチャットルームで知り合った相手が、同じ長野県内に住んでいた。相手は

20代の公務員。趣味の会話ができる相手を求めていた。この時の体験は印象的だ。日常生活ではきっと出会えそうもない相手との会話はストレス解消になった。

総務省の「通信利用動向調査」によると、携帯電話の世帯普及率は、阪神・淡路大震災（1月17日）があった平成7年（1995年）以降、爆発的に増える。その年の3月末には10・6％と10世帯に1台だった携帯電話が、翌年3月末には24・9％と4世帯に1台になる。その後も46・0％、57・7％と年々増加し、平成11年（99年）3月末には67・7％となった。この年の2月22日には、携帯電話からインターネットが接続できる世界初のサービスが開始された。NTTドコモのiモードである。ニュースやゲームへの接続のほか、メールも利用可能になった。トム・ハンクスとメグ・ライアン主演の映画「ユー・ガット・メール」の日本公開も99年2月だった（米国公開は98年12月）。アメリカ・オンライン（AOL）のコミュニケーションソフト「AOLインスタントメッセンジャー（AIM）」を使ったネット恋愛がテーマだ。

この頃から「ネットナンパ」という言葉が使われる。私自身も、IMを使うことが多くなった頃だ。ネットの出会い系サイトへもアクセスするようになった。男女ともにメールアドレスを登録し、プロフィールを作成する。その内容は、年齢や性別、趣味、地域などを入れるのだが、さらに「写メール」の登場によって、文字以外の「手がかり」が使えるようになった。

写メールは、J-PHONE（現在のソフトバンク）によるメールでの画像送信サービス。平成12年（2000年）11月、カメラを内蔵した携帯電話がシャープから初めて発売された。藤原紀香がCMに起用されていたことから、一部では「紀香電話」と呼ばれた。CMのキャンペーンで、写メールの認知も広がる。

その後、NTTドコモは「iショット」を出す。またKDDとDDIが合併したKDDIの携帯電話事業はauブランドとなり、「フォトメール」を展開する。携帯大手3社が、画像送受信によるコミュニケーションへとシフトしていった。

†出会い系サイトの誕生

ウィンドウズ95の登場の頃から、「出会い系サイト」が増えたと言われる。私がPHSから携帯電話へ替えた時期だ。最初に利用したキャリアはツーカーセルラー東京。女子高生のカリスマと言われたアイドル、浜崎あゆみをCM起用していた。

ツーカーグループが、EZwebサービスを開始したのは、iモードよりやや遅い平成11年（1999年）11月。携帯端末によるネット接続の普及によって、パソコンがなくても出会い系サイトにアクセスできるようになったことで、恋人や友人のほか、性的な目的の相手など匿名の他者との出会いが広がっていった。エキサイト出会い（現在のエキサイトフレンズ）ができたのもこの頃だ。

この頃、どのくらいの若者が出会い系サイトを利用していたのだろうか。「インターネット上の少年に有害なコンテンツ対策研究会」が平成13年（2001年）9月から10月にかけて行った調査を見てみよう。まず「携帯電話やPHSを所持している」と回答したのは、中学男子が17・0%。中学女子が30・2%。高校男子が75・5%、高校女子が87・5%と、中高ともに、男子よりも女子のほうが携帯電話所持率は高い。

「出会い系サイトの利用」については中高生全体で12・4%。中学男子は2・0%、中学女子は7・1%、高校男子が18・7%、高校女子が22・0%。どちらも男子より女子のほうが多い。出会い系サイトには男女とも無料のサイトもあるが、男性は有料というサイトも少なからずあり、それも影響していると思われる。それにしても、21世紀のはじまりは、女子高生の5〜6人に1人は出会い系サイトを利用した経験がある時代だった。

そして「実際に会ったことがあるか」という質問には、出会い系サイト利用者のうち35・8%が「ある」と回答した。高校女子が最も多く43・2%、利用者の2・5人に1人が会っていた。高校男子は27・8%、中学男子は33・3%、中学女子は22・2%。男子中学生は出会い系サイト利用自体が少ないが、利用者に限れば3人に1人が会っていた。

出会い系サイトの利用は、携帯電話やPHSの普及とともに若年化していく。第4空間に若者たちが参入していくことを意味した。

21世紀になっても、新世紀への期待感というより、旧世紀から新世紀へと続く平凡な日常が変わったわけではない。生きづらさを抱えた若者にとって、新しいメディア、匿名の他者とのコミュニケーションは、今の生きづらい世界から抜け出すヒントを探す手段であった。

匿名の他者とのコミュニケーションは世代間で感覚が異なる。ワールドインターネットプロジェクト・日本チーム（代表、三上俊治・東洋大学教授）の調査「インターネットの利用動向に関する実態調査　２０１０年」（平成22年、調査対象15歳以上69歳未満、標本数５２５）によると、「ネット上の知人がいる」のは、10代では54％、20代で48％、30代で27％、40代で14％、50代で９％、60代で６％と、若い世代ほど多い。ネット上の知人と実際に会った経験は、10代20代が18％、30代は12％、40代は７％、50代は４％、60代は２％だった。やはり、若年層ほど活発と言えよう。ちなみに、同調査によればネット上の知人が多いユーザー層には、次のような特徴があった。

①ネット交流の場で初めて知り合い、個人的に連絡をとったが、実際には会っていない人の数が多いのは、メッセンジャー、チャット、ブログを書く、写真をアップする、ほかの人のブログにコメントをつける、を頻繁に行っている人

②ネット交流の場で初めて知り合い、個人的に会った人が多いのは、写真をアップする、動画をアップする、電子掲示板に意見やコメントを書き込む、を頻繁に行っている人

†出会い系サイト規制の流れは最初期から

iモードが誕生したのと同じ平成11年、「児童買春、児童ポルノに係る行為等の処罰及び児童の保護等に関する法律」（以下、児童買春・児童ポルノ処罰法）が成立した。背景には「児童ポルノ」発信国として、日本が海外から批判されたことが大きい。平成8年（1996年）8月に「第1回子どもの商業的性的搾取に反対する世界会議」がストックホルムで開かれ、児童買春や児童ポルノを規制する国内外の世論が連動して、出会い系サイト規制法につながっていく。

児童ポルノに関しては文化の差もある。漫画やアニメを児童ポルノとして扱っていいのか、という議論は、当時から今も続いている。また、実際には成人だが、子どもに見えるポルノ作品に出演している場合もある。それらを見た目で判断していいものなのか？　と言うのも、欧米に比べて日本人は、幼く見られがちだからだ。表現や職業選択の問題ともなり得るため、表面的な規制は難しい。

横浜で開かれた「第2回子どもの商業的性的搾取に反対する世界会議」（平成13年12月）では、規制対象に漫画やアニメが含まれるべきか議論された。漫画の表現を巡って、同じように見える登場人物が、ある作品では30歳で、別の作品では17歳になることが指摘された。設定によって、何歳になるかが変わる。日本の漫画文化の特徴であって、一律に規制できるものではない。外務省も、平成31年（2019年）4月、国連子どもの権利委員会が策定した「児童売買、児童買春及び児童ポルノに関する子ども権利条約選択議定書」の実施ガイドライン案に対して、表現の自由の制約は最小限にすべき、との意見を提出している。

大人が18歳未満の青少年をお金で買い性交渉をすること、青少年への性的搾取や商業的搾取を「犯罪」に位置付けたことは抑止力の面で一定の成果だろう。だが、犯罪という枠組みで捉えることで、児童や青少年の側の「動機」について社会は目を背ける。保護された青少年は、警察や児童相談所などでケアの対象だが、動機についてきちんとヒアリングし、当事者の青少年の生きやすさの視点によらなければ、保護された意味も半減、それどころか激減する。

20歳の那美（仮名）は16歳の時、池袋駅北口で30代の男性とラブホテルから出たところで警察に補導された。東京都青少年保護条例（淫行）違反事件となった。援助交際もしていたが、この時は金銭のやりとりはなかった。児童相談所に送致されるが、「（児童福祉司が）めちゃ、性格が悪い人だった。そんなこと（援助交際等）をした人はゴミというように、冷たい人だったので、2、3回行って、バックレようと思った」。こう思われた段階で、児童福祉の専門職としては失格だ。

2回目は性格検査をした。しかし、臨床心理士が対応したことで状況が変わる。「（心理士は）優しい人だった。話しやすかったし。最初の担当（児童福祉司）には、『あんたとは話したくない』『心理士となら喋っていい』と言ったんです」。

カウンセリングを受けるようになると、自分の家族のことも話した。「母はマンション購入のため借金をしました」。母親の借金をきっかけに、父親は那美にも暴力をふるうようになり、両親は離婚。那美は母親と暮らすようになった。しかし、「おじいちゃん、おばあちゃんから掃除機の尖った部分で殴られたりした。殻に閉じこもる性格で、読書で集中していると、返事をしないからでしょうね」。

中学の頃は、母親の彼氏と一緒に住むこともあったが暴力を受けた。その後、父親と暮らすようになるが、また暴力を受ける。自傷行為を繰り返すようになった。暴力の連鎖によってPTSDの診断を受けた。「高校生の時は一緒に暮らした父親から手をあげられたり、物を壊されたり、部屋のものがなくなっていた。つくった食べ物は捨てられた。皿ごと捨てられていたこともある」。殴られたりすると泣き叫ぶ子もいるだろうが、那美は泣かなかった。心理士からは「家を出た方がいい」と言われるほどの親子関係だった。「でも、父親は外面がいいので（虐待は）発覚しない。万引きもタバコもしてないので非行とも思われていないから、保護もされない」。

†主婦を殺害しようとした男子高校生

「出会い系サイト」に起因したその事件が起きたのは平成13年（2001年）1月15日だった。栃木県宇都宮市の18歳の私立高校生が、さいたま市岩槻区（事件当時は岩槻市）の主婦を刺殺しようとした疑いで、栃木県警に翌日逮捕された。

2人が知り合ったのは、個人運営の出会い系サイト「なかよしチャット」で、事件の前年10月頃に知り合い、以来、メールのやりとりを繰り返してきた。事件のおよそ10日前の1月5日に初めて顔を合わせた。

『週刊朝日』（01年2月2日号）には、結婚を断られたことが殺人未遂の理由だったと書かれていた。「あの人、好きだと言ってくれたのに『夫とは別れない』と言われた。どうしていいかわからなくなった」と供述したが、これはのちに翻される。宇都宮家庭裁判所に送致された高校生は、第一回の審判で「（被害者の主婦から）殺害を依頼された。自殺の道具にされた」と述べたのだった。

彼女がホームページに、自殺願望を頻繁につづっていたこともあり、それに引きずりこまれたと弁護側は主張した。地検が提出した2人の会話記録では、1月12日に「お願い、殺して」「とにかく、ひと思いに殺して」などと主婦が高校生に頼んでいる。主婦宅の包丁を使うことも打ち合わせた。事件に使われた2本の包丁は、前日に彼女が近所のスーパーで購入した。当日の午前3時、主婦は自殺願望者が集まるサイトに、こう書いていた。

〈12時間後くらいには私はどうにかなっている〉〈痛いけど即死するはず〉

高校生が主婦を刺したのは午後3時。その日の夜、宇都宮東署に自首した。「自分も包丁で胸を刺して死ぬつもりだったが、『あなたは生きて』と言われたので現場を離れた」と話した。宇都宮家裁は嘱託殺人罪を認定。中等少年院送致の保護処分を決めた。処分は重すぎるとして東京高裁に抗告したが棄却された。

その後、明らかになったのは、被害女性の孤独だった。殺害現場付近は、「人形のまち」として知られ、日光街道沿いの古い街だ。住宅街でもある。訪れると、夕方には犬の散歩をする人が多く、挨拶を交わす近所の人の姿があった。

現場アパートは高級マンションに見下ろされるような位置にあった。彼女は夫と2人暮らし。犬は飼っていない。結婚1年後に実母がガンになり、都内の病院に毎日通ったが、看病疲れからか、くも膜下出血で倒れ入院する。事件はリハビリ期間中の出来事だった。リハビリ中の不安な気持ちは想像できる。順調に回復していくのかどうか。私も右腕を骨折したことがあるが、医者や看護師の言葉を信じられず、ネットで右腕を骨折した人のその後を検索したり、Yahoo!チャットで看護師が運営するチャットルームにも入り浸った。右腕骨折でも不安や孤独を抱くのだから、まだ若いうちのくも膜下出血ではなおさらだろう。

彼女もまた、匿名の他者とのコミュニケーションに期待した。そのひとつとして、出会い系サイトがあり、高校生が応えたということだ。

†京都メル友殺人事件

出会い系サイトに世間の関心が集まる別の事件が、同じ年の5月に明らかになった。京都市山科区の25歳の建設アルバイト、西嶋宏昭が出会い系サイトを通じて知り合った2人の女性を殺害し、死体を遺棄。1ヶ月後に逮捕された西嶋は、最初に殺害した19歳の女子大2年生の高級ブランドバッグ等を質入れしたため、強盗容疑でも起訴された。この事件は、最初の被害者が友人に「メル友に会いにいく」などと話したことから、そのフレーズが取り上げられ、「京都メル友殺人」と報道された。犯行当時、西嶋は複数の消費者金融から約150万円の借金があり、その一部を自動車の改造費に当てていた。車は、欲望の象徴のひとつだった。

西嶋は出会い系サイトを通じて1月下旬に知り合った女子大生と百数十回のメールを交換、何度か会っていた。4月8日、彼女が住む大学寮がある東山区上馬町の渋谷《しぶたに》交番付近で待ちあわせた。9日午前1時頃、西嶋は自宅近くのガレージに車を止め、車中で被害者の首を絞めて殺害。午前2時過ぎに、関西電力の喜撰山ダム近くにある橋から宇治川に遺体を捨てた。

5月2日には同じサイトで28歳の会社員女性と連絡を取り、3日後に彼女のアパート近くで待ちあわせた。美山町内を車で走行中、最初の殺人を告白し、6日午前1時頃、京北町内に駐車。車内で女性の首を絞め、綾部市黒谷町の河鹿橋中央付近から伊佐津川に遺体を捨てた。

一連の事件より前の西嶋には、女性との出会いはあまりなかったようだ。次のような証言がある。「京都の河原町にナンパに行ったことがある。その時、西嶋だけ女性に声をかけられないんです。恥ずかしがって話しかけられないんです。『女の子に声をかけるのは苦手や』と言っていた。それがきっかけで、ヤツはメールの『出会い系サイト』にのめり込んだんだ」(『週刊朝日』01年6月1日号)。

建設現場で肉体労働をし、生活のほとんどを車に費やし、女友達ができにくい。幼い頃の西嶋の評判は「内気」「気持ちをうまく表現できないタイプ」というもので、同級生の間でも、それほど明るいイメージはない。そんな西嶋が出会いを求めたのが「メールクラブ」というサイトだった。「活字」だけの匿名コミュニケーションである「メール」は一番の救いだ。登録した「ヒロ」というハンドルネームは、幼い頃から呼ばれていたあだ名だった。

殺害された2人の女性はサイトの「彼氏募集」コーナーに登録していた。文字だけのやりとりは、自分も相手も「理想化」しやすく、一面的には期待が高まるし「癒し」になる。

†なぜ出会い、殺害されたか

最初の被害女性が出会い系サイトにひかれたのはなぜか。

通っていた女子大は、付属の幼稚園からエスカレーター式の内部進学コースもある典型的なお嬢様校である。付属の小中高は大学の周囲に集まっており、寮もその一画にある。当時147人収容で、2、3人ずつの相部屋だった。地元の人の話だと、高校は府内だけでなく関西一円から入学してくる。内部進学は多いが、彼女は北海道北見市育ちだった。約4000人の学生のうち、北海道出身は10人にも満たなかったという。事件に遭ったのは京都に住んで3年目に入った直後だった。「今度のメル友とは話が合わない」と彼女は友人に話していた。

実は判決文には書かれているが、当時の報道では触れられていないことがある。判決によれば、彼女は援助交際をしていた。

「両親から仕送りを受け、大学の寮で生活をしていたが、携帯電話料金等に充てる現金を得ることを目的として、平成13年1月頃から、インターネット上に開設された、いわゆる出会い系サイト内の携帯電話を利用した電子メール用の掲示板を利用して複数の男性と知り合い、それらの男性のうち肉体関係を持った者から対価として2万円ないし4万円の現金を受け取っていた」

事件前の2月末、彼女は「お金に困っているから援助してほしい」旨の内容をメールした。西嶋とは3月1日に会ったが、対価となる3万円を持っていない。西嶋は支払いの猶予を願い出て、彼女はそれを承諾。一時帰省したが、京都に戻った時に請求するメールを送り、西嶋に会うことになった。しかし、この時も約束の金額を持っていない。消費者金融からの借入金が限度額に達しており、「今、1万円しかない。次やったらあかんか?」と言ったが、「いつ会えるかわからへん。あかん。警察に訴える」と返す。話はまとまらず、寮の門限時間を過ぎたこともあり、警察に通報されるのではないかと不安になって殺害を思いつく。

次の被害女性は、実家から約1・5キロ離れたアパートに妹と住んでいた。実家と直線で結んだ中間点に阪急西京極駅がある。中学卒業後、京都市内の製本会社に就職し、事件当時は別の会社に勤務していた。事件の前年頃から「メールクラブ」で複数の男性と知り合い、事件の約1ヶ月前の5月1日にも「彼氏募集」コーナーに書き込んでいた。彼女は、初メールから3日という短期間で西嶋と待ち合わせる。そんな中で西嶋は、サイトで知り合った他の女性たちにも、女子大生殺害について告白。脅すことで性的関係を持っていた。女子大生殺害後の西嶋は自暴自棄になっていたのか、暴力性を増していた。

2人の女性を手にかけた西嶋に下った判決は、無期懲役だった。量刑理由は「犯人といわゆる『メル友』の関係にあった若い女性が約1ヶ月の間に京都府内で連続して殺害され、死体を河川に投棄された凶悪事件として、地域社会に多大な衝撃と恐怖を与えており、社会的影響が大きい」ことだった。だが、西嶋と被害女性たちは「メル友」というほど心理的距離が近い関係ではない。彼らを「メル友」と呼ぶには違和感がある。

また、量刑理由には「出会い系サイト」を利用して人と会うこと自体が、被害者の落ち度であるかのように述べられていた。「携帯電話を利用して容易に不特定多数の人物と接触でき、時には各種犯罪の誘因に利用されることもあるいわゆる出会い系サイトの利用を契機として、被害者らが安易に危険に接近してしまった点を指摘せざるを得ない」。被害者側に警戒心が欠けてはいたのは確かだが、加害者が絶対的に罪深いことに変わりはない。出会いのきっかけがどんなものであれ、意図的な加害行為は起こり得る。ただ、出会い系サイトを起因とした殺人事件の裁判は京都メル友殺人事件が初めてのケースだった。当時、携帯電話でのコミュニケーションに関する認識は不十分であり、裁判所の認識として仕方がない面があったかもしれない。

†距離も年齢も超えたネット恋愛殺人

平成13年（01年）に、出会い系サイトに絡んだ事件が多かったのは、いまだ匿名コミュニケーションの作法に不慣れな層が急増した結果であるとも言える。主婦殺害未遂と京都メル友殺人の当事者は比較的近い距離に住んでいた。しかし、ネットにおけるコミュニケーションには、場所の感覚が希薄だ。遠い場所に住んでいても刑事事件は起こる。

4月23日夜、茨城県牛久市の28歳の主婦が刺殺された。竜ケ崎署は翌24日未明、北海道出身で18歳のアルバイト店員、吉田隆司（仮名）を殺人の容疑で緊急逮捕した。2人はネットを通じて知り合い、すでに何回も会っていた。23日午後6時55分頃、被害者宅の駐車場に止められたワゴン車内で、隆司が被害女性の背中を包丁で数回刺して殺害した。「よりを戻そうとしたが、冷たくされて刺した」と供述した。

水戸地検土浦支部は5月14日、殺人と銃刀法違反の容疑で水戸家裁土浦支部に送致。その年の4月に改正されたばかりの少年法に基づいて、少年審判に検察官の立会いを求めた。7月27日の初公判で、隆司は起訴事実を認め、判決は懲役5年以上8年以下となった。

判決要旨によると、彼は中学卒業まで北海道で家族と暮らし、高校入学とともに親元を離れて、道内の私立学校の寮に住んだ。高校2年生頃から、家族との連絡用に携帯電話を買い与えられた。この頃、隆司は20歳の会社員と交際したり、メールを通じて知り合った女子高生と性的関係を持った。

高校3年になると、出会い系サイトのチャットを利用するようになり、被害女性と知り合う。電話番号やメールアドレスを交換し、毎日のように連絡を取り合った。彼女には夫と2人の子どもがいたが、隆司には「独身OL。母親と弟と一緒に住んでいる」と告げていた。隆司は、話しやすい女性だと好感を抱いた。また、彼女から「会いたい」「ホテルに泊まろう」と誘われた。2人は平成12年（2000年）11月頃、岩手県の盛岡駅で待ち合わせ、ラブホテルで性的関係を持った。その後も、被害女性は11月と12月に泊りがけで函館市を訪れた。

しかし、12月、彼女の夫から隆司に電話があり、彼女は既婚者で子どももいることを知らされた。「夫がいると言ったら、あなたに相手にしてもらえないと思って嘘をついた。夫のことは好きではないし、離婚の話も出ている。家族よりもあなたのほうが大事だし、好きだ」。隆司はこの言葉を信じ、連絡を続けた。「離婚届を出した。落ち着いたらそっちにいくから、部屋を借りて一緒に暮らそう」。隆司は結婚を意識するようになった。

12月28日、彼女が「夫やその兄弟から暴力をふるわれた」などとメールや電話で隆司に伝えてきた。翌29日、隆司は彼女を両親に紹介し、親類と年末年始を過ごした。この頃、実は夫に説得された彼女は、離婚しないことにしていたのだが、それを知らない隆司は、彼女に電話やメールをし続けた。翌年1月、彼女から電話があった。「離婚届を出して家を出て、実家にいる。職業安定所で、函館の方の仕事を探している」。彼女は隆司に本当のことを言わなかった。少年はさらに本気になる。月末にも彼女は隆司に会いに函館へ行く。その時2人は、同居するためのアパート探しまでしていた。

ネット人格のなせる業かもしれないが、隆司の母親は、彼女の言動がおかしいと感じていた。

さらに子どもがいることを知ってからは交際に反対した。しかし、少年は信じた。隆司は高校を卒業すると友人に誘われて名古屋へ家出したが、茨城県へも立ち寄った。

「あなたのことを忘れないでいた。夫とは離婚したが、親から言われてまた一緒に住んでいる。家を出たいけれど、お金もないし、住むところもない。お金が貯まったら家を出るから一緒に暮らそう。でも、こちらの友達とも離れたくない。茨城から離れたくない」

隆司は調理師の専門学校へ入学しようと手続きも済ませていたが、「専門学校をやめる手続きをした。また来るから、こっちで一緒に暮らそう。親に反対されても出てくるから」と彼女に言って北海道へ戻った。専門学校への進学をやめて、茨城県で、2人で暮らすことを両親に告げた。父親は反対したが、少年の決意は揺るがなかった。

その後、隆司は茨城県内の居酒屋でアルバイトを始める。彼女から隆司に〈エッチしたい〉というメールが届いたのは、事件直前の4月21日だった。最寄り駅に出向くが、連絡が取れず、駅付近で一夜を明かした。ようやく連絡が取れたと思ったら、会えない旨を告げられた。帰宅して寝ていると、母親から電話があり、「騙されているのでは?」と言われた。隆司は「利用されている」と思い始めるが、北海道へは帰れない。今さら帰るわけにはいかない。知人のいない茨城やその周辺で生活していく見通しもない。直接会って真意を問いただし、「実は家を出る気がない」などと答えた場合は、彼女を刺し殺して、自殺しようと決意した。

23日朝、文化包丁をリュックサックに詰めた少年は、午後6時前に女性のアパートを訪ねた。夫がいたため、2人はワゴン車内で話をする。

「旦那さんとは離婚しているんでしょ？　それなら出られるでしょ？」

「無理」

「なんで出られないんだ？」

「私は年下とは付き合えない」。隆司は彼女を刺殺した。

ネット恋愛は距離を超える。隆司が暮らした北海道函館市と被害女性が住んでいた茨城県牛久市の距離は、約800キロ。とはいえこの事件の場合、知り合ったのは出会い系チャットであるが、隆司がそこまで思いつめた理由にはネット以外の要素が大きい。お互いの時間を共有して、居心地の良さや癒しを感じたに違いない。性的関係をもった。「一緒に暮らす」という言葉から、結婚まで考えた。

彼女の誤算は、未成年者との出会いが火遊びですまずに、隆司が両親の反対を押し切って、茨城県に出てきてしまったことではないだろうか。彼女の中に、ネット恋愛の文脈を捨てきれないネット人格ができあがっていたのかもしれない。いずれにせよ、密室のワゴン車内で別れ話をしていたことから、命の危険までは感じていなかったということか。

†監禁王子事件

精神的に人を支配した事件としては監禁王子事件が忘れられない。次々と女性たちを監禁したとして、平成17年（2005年）5月、警視庁は札幌市中央区の24歳、小林泰剛を逮捕した。被害者は兵庫県赤穂市の19歳、井上貴美（仮名）。小林が彼女を足立区のマンションに104日間にわたって監禁、心的外傷後ストレス障害（PTSD）を発症させたとして、東京地検は監禁致傷罪で起訴した。平成13年（01年）に起こした同種の監禁事件（懲役3年、執行猶予5年の判決）の保護観察中だった。保護観察所が所在を把握していない不祥事だった。

この事件は、小林が女性に首輪を強要していたこと、中学時代のあだ名が「王子」だったこと、逮捕された時に「テニスの王子さま」の主人公の服装だったこともあり、監禁首輪王子事件とも呼ばれた。

平成16年（04年）3月8日頃、小林はチャットで知り合った貴美を渋谷区内のホテルに呼び出し、顔を殴るなどして暴行した。「見張り役にお前の顔を覚えさせた」と脅し、同年6月19日まで同区内のホテルや当時住んでいた足立区内のマンションの一室に監禁した。貴美がすきを見つけて、近くの弁当屋に逃げ込んだことで事件が発覚した。「追われているんです。外から見えないところに移動させてください。助けてください。タクシーを呼んで」。貴美は浅草駅の近くにある漫画喫茶で夜を過ごした。翌日、千葉県木更津市のカトリック教会に出向き、「ついさっきまで男と一緒にいた。暴力を受けた」と訴え、翌日、福祉施設に保護された。

小林が逮捕されたのは翌年5月と、なかなか事件化されなかったのは、貴美が、「(警察に)話したら殺すと言われている」と恐れて証言しなかったためだ。福祉施設のスタッフのケアにより回復し、警視庁に被害を訴えることになった。その後、逮捕された小林は「記憶がない。オレは統合失調症だ」と容疑を否認した。

小林はネカマになって、被害女性に近づいた。女性同士だと思わせれば友達になりやすい。小林がバレンタインデーのチョコレートを欲しいと要求したことからネカマがバレたものの、関係は維持された。小林は貴美の住所を知ったことで「ヤクザを送り込むぞ」と脅し、彼女を上京させると、自分も「予備校に通う」と父親に嘘を言って上京し、足立区内に家賃月12万円のマンションを借りる。鎖と首輪で逃げ出さないように拘束して監禁した。

†監禁王子が逮捕されるまで

小林は昭和55年(1980年)10月、青森県五所川原市で生まれた。津軽富士ともいわれる岩木山を望む地方都市で人口6万強(当時)。実家は税理士事務所のほか経理専門学校と保育所を経営。地元の旧家として、地域にその存在を示していた。税理士の父親と簿記学校教員の母親。祖父は元三沢警察署長で、保育園を運営する社会福祉法人の理事長で園長を兼ねていた。小林はそこで過保護に育てられた。自宅から約1キロの小学校には、母親が運転する高級車で通っていた。同級生には「小遣いは10万円」と言いふらしていたという。

現地を訪れた時、税理士事務所と経理専門学校の経営はいいとして、敷地内に保育所と酒屋があり、不自然な印象を受けた。すでに家宅捜索を終えていたが、父親は行方をくらましていた。

「弁論要旨」によると、小林は独善的性格で「他人の感情への配慮が乏しく、社会的規則を無視する傾向があり、挫折体験に対する耐性が低く、不都合なことを合理化して他人に責任転嫁するなどの性向があったことも否定できない」。自分勝手な性格であることを弁護士も認めているのだ。母親に溺愛された一方、父親を嫌っていた。当時の弁護士にも「母親が死んでから人生が狂い始めた。母親が唯一の自分の理解者だった」ともらした。夫婦喧嘩も絶えなかったようだ。

中学時代のあだ名は「王子」。「(過保護のため)同年輩の友人との交友の機会を失い、何も言わずとも他人はすべて自分のために手配、援助するのが当然と考えていた」(「弁論要旨」)。そのため、徐々に孤立した。高校受験に失敗し、地方では稀な「中学浪人」を経験する。翌年、八戸市内の高校に合格したがなじめず中退。別の高校に転校するも中退する。その年末「精神的支え」だった実母が乗用車の中で自殺した。「被告人の精神面・人格面に多大な影響を与え、被告人の精神構造、性格を大きくゆがめたことは想像に難くない」(「弁論要旨」)。

平成12年(2000年)10月、小林は札幌市中央区内のマンションでひとり暮らしを始めた。医学の勉強をしたいと北海道へ行ったが、「北海道大学医学部に通っている。国家試験に史上最年少で合格した」と嘘を言っていた。その後、短期間で複数の女性と結婚と離婚を繰り返し、そこで暴力や監禁による犯罪性が露呈する。いわば、今回の監禁事件の序章とも言うべき犯行が行われていた。

†「ハーレムをつくる」

平成14年(02年)、監禁王子こと小林は、北海道の21歳、北村舞(仮名)への傷害のほか、19歳の専門学校生、東山未知(仮名)への暴行および傷害、出会い系サイトで知り合った静岡市の17歳、山田里美(仮名)が両親の同意を得て婚姻したように装った有印私文書偽造、同行使の疑いで起訴された。

公判記録によると、小林は01年4月末から舞と同居。5月には婚姻関係を結び、舞の姓である北村を名乗った。些細なことに言いがかりを付けては手拳で顔面を殴打し腹部を足蹴にするなどの暴行をし、舞の恐怖心を煽り、5月中旬頃には性的奴隷同然の状態にしむけた。小林は

「ハーレムをつくるからもうひとり呼んでこい」と舞に命令し、6月下旬、舞のアルバイト先の同僚であった未知を転居したばかりの自宅へ連れ込む。舞は未知に「精神科の医者を紹介する」と言って誘い出したという。小林は未知を酔わせて肉体関係を持った。7月、舞と離婚。その後養子縁組で次々と姓を変え「小林」を名乗る。そして8月には、この頃小林の家にいた別の女性に貸した金が返ってこなかったために「いつまで騙されているんだ」と、離婚した舞の左大腿部を包丁で切り、傷害を負わせた(この件がのちに起訴される)。

小林は再び未知を誘い出した。「精神科医をしながら、声優もしている。北大の研究室で研究もしている。君はダイヤモンドの原石だ。ダイヤモンドは磨けば光るけど、磨かなかったらそのままだ。もっと磨けば光るからオレのところに来ないか。人間としての中身をもっと変えないといけない。オレとずっと暮らそう」と言いくるめて、9月、専門学校の寮から衣類等の生活用品を持ってこさせた。逆らうと暴力をふるう。未知が級友に相談したことを知ると、「精神的苦痛を受けた。過去を全部捨てろ」「殴られる時は逃げるな。お前が悪いからやっているのに、何で逃げたりするんだ?」などと言って暴力を繰り返し、「一生、忠誠を誓う」などの誓約書を書かせた。ご主人様と呼ばせ、テレクラでバイトをさせようとしたが、電話がつながらなかったことに腹を立てて、暴行を加えた(この件がのちに起訴される)。10月、未知のクレジットカードでネットの使い放題の契約をさせようと考えたが、無職のため契約ができなかった。そのため健康器具で殴打。右手甲部には熱湯をかけて、火傷を負わせた。

平成13年（01年）11月頃、小林はチャットを通じて静岡市の里美と知り合った。自分は声優やモデルをやっていると偽り、一緒に暮らそうと誘った。「今とは全然違う世界を見せてあげる」。家出してきた里美は、翌年2月から一緒に暮らし始めたが、たびたび殴る蹴るの暴行を受けた。その翌月には静岡市の17歳、大西江理（仮名）とネットで知り合い家出させた。里美を含めた3人で暮らすようになったが、小林は江理と結婚する。親の承諾をとっていなかったが「私は娘の結婚に同意いたします」などと里美が書き、婚姻届を提出した（この件がのちに起訴される。里美は事情を鑑み不起訴）。

†出会い系サイトで出会うリスク

監禁王子事件は、心理的に淋しい女性たちがネットをきっかけに犯罪者と結びついてしまった。ネットによる出会いの「負」の部分が露呈した場合、過激な犯罪にもなりやすい。このような事件は特殊ではなく、実はたびたび起こっている。

20歳のフリーターの京子（仮名）は16歳当時、メル友募集サイトで知り合った22歳の圭（仮名）と半同棲生活をしていた。当初の圭は大人しい性格に感じられた。京子には別に恋人がいたが「2番目でいいよ」。圭はそう言った。その後、彼氏と別れると、圭の態度が急変した。

「自分のモノになったという雰囲気が伝わってきました。命令口調も多く、『私はアナタのメイドですか？』って思ったこともありました」。京子は精神的に支配され、経済的にも自由にならない。アパートにいない時には、携帯電話で行動を監視される。「他の男とは誰も話すな」とも言われた。暴力はなかったが、まるでペット扱いだったという。

「彼が帰ってきたら、部屋のカギを開け、服を脱がせて、まず足の臭いをかがなければならないんです。整備士をしていたため、汗をたくさんかくので、臭いんですがね。その臭いをかいでいる表情が好きらしいんですが」

そうしているうちに京子は妊娠してしまう。「産もう」という話にもなったが、流産した。

「風邪で口内炎が治らなかったので病院に行きました。すると、『栄養失調』だということがわかりました。流産もそのせいでしょう。このままだと生きているのに支障がでると思いました。最初はそこまでヤバいとは思わなかったんです。彼に脅迫されたり、誰とも会わない閉鎖空間が普通になっていたんです。世界がそこだけしかなく、別れることが怖かったんです」

監禁王子事件発覚の直前、私は出会い系サイト利用者の取材を通じて、四国に住む19歳の女子大生、香織（仮名）と知り合った。彼女が出会い系を含むチャットを始めたのは平成15年（03年）5月頃。当時は高校3年で東北地方に住んでいた。

「これまで広い世界と関わりがなくて、チャットは新鮮でした」。休みの日は1日15、16時間、チャットすることもあった。気に入った男性がいると、名古屋や東京、四国まで遠征した。「大抵の人は一度会ってそれっきりでした。でも、四国の大学生とは恋をしてしまって、その人の家に1週間いました。好奇心ですね。でも、何を話しても受け止めてくれたので、期待に沿おうとしました」。

大学生と付き合うことになり自らも四国の大学に進学したが、別れることになってチャットで別の男性と仲良くなる。私と会ったのは、その男性と会う直前だった。「外国人なんですけど、毎日チャットをして、いろいろ話していたので、会ってもいいかなって思いました」。

その夜、香織からメールが届いた。〈車に乗って、優しく接してくれて、何から何までおごってくれました。しかし、そういうのは怖いもので、拉致られそうになりました〉。性行為を要求されたが、それを拒むと自動車に閉じ込められ、終電もない時間に知らない場所で降ろされた。偶然にもタクシーがつかまる場所だったため、なんとか助かった。

†出会い系サイト依頼殺人

平成17年（05年）4月13日午前6時、名古屋市中川区の51歳の会社員の遺体が自宅マンションで発見された。下着姿のまま居間の布団の上で毛布をかぶり、うつぶせに倒れていることに、49歳の妻が気づいた。マンションの8階で、妻、会社員の長男、高校2年の次男、中学3年の三男、小学2年の四男の6人暮らしだった。当日、長男は出勤前に居間をのぞいたものの、気がつかなかった。室内は荒らされておらず、外部から侵入した形跡もなかった。

愛知県警捜査一課と中川署は捜査本部を設置。殺害目的で会社員の寝込みを襲ったとして捜査を進めた。約2ヶ月後、愛知県蟹江町の工務店従業員の41歳、前川広宣が殺人容疑で逮捕され、妻による殺害依頼が発覚した。報酬額は1000万円だった。妻が夫の殺害をネットで依頼、被害者が死亡した初めてのケースであった。

自宅マンションは平成11年（1999年）に建てられた。小中学校が近い。現場周辺は、1642年に干拓された古い地域で、付近には国道1号線が走っており自動車交通の要所だが、名古屋市近郊にありながら鉄道開発は遅れ、事件後に名古屋臨海高速鉄道が開通した。前川の自宅周辺には、国道1号線と東名高速のインターチェンジを結ぶ西尾張中央道があり、トラックが行き交う。妻のマンションから前川の自宅までは、車で15〜20分の距離だった。

事件の前年夏、夫との関係に悩んでいた妻は、パチンコでつくった闇金からの借金を抱えていた。出会い系サイトにアクセスしていた時に、〈いらない旦那処分します〉という書き込みを見つけた。

書き込んでいた前川は、女性と関係を持ちたくて目を引くことを考えていただけで、安易な気持ちだった。前川は同時期に、求職サイトなどに〈どんな仕事でもします〉などとも書き込んでいる。父親と始めた工務店の経営が行き詰まって廃業。その際、借金を抱えて数千万円の住宅ローンの支払いも滞り、自宅は競売にかけられていた。

被害者の妻は知人に「誰か旦那を殺してくれないかな?」と相談して、「殺し屋」がいることを教えられていた。その書き込みを見つけた妻は〈どういう意味ですか? うそでしょ〉とメールした。「殺しのプロ」と名乗った前川が〈副業として殺人をしている〉などと返信したため、妻は〈一本(1000万円)でどうですか〉と殺害計画を提案した。その後、何度か直接会って、妻は前川に依頼することにした。夫殺害の報酬は、生命保険7000万円から充当できる。計画後に夫が寛容な態度を見せたため、いったんは殺害計画の中止も考えたが、前川に「(夫の)冥土の土産に実母に会わすから、決行日を変えよう」などと話している。

決行当日の午前0時頃、妻は夫の晩酌の相手をしながら、睡眠導入剤を混入した発泡酒を飲ませた。「えらい苦いな」と夫は洩らし、怪しまれないように妻も発泡酒を飲んで夫を眠らせた。それから携帯電話で前川を呼び出し、自宅に招き入れた。マンションはオートロックだが、玄関の鍵は開けていたため、侵入は難しくなかった。午前4時半頃、寝込んでいた夫の胸などを、前川が手製のナイフで刺したのだった。

見ず知らずの者同士がネットで出会い共謀して殺人を犯したということでは、この2年後に発生した「闇サイト殺人事件」に類似する。「闇の職業安定所」で知り合った3人の男が強盗殺人を計画、名古屋市千種区で派遣社員の女性を殺害した事件に、世間は大きな衝撃を受けた。ただし、こちらはアンダーグラウンドな仕事を探すための闇サイトだったが、出会い系サイトの目的は出会うことである。妻の使い方が「殺し屋との出会い」だったということだ。

殺害依頼の動機は何だったのか。検察側は保険金目的だったことを主張した。起訴された当時の朝日新聞（2005年4月23日付）では、妻の供述として「夫を殺せば、財産を独り占めできると思った」と報じられている。彼女がパチンコでつくった闇金融の借金は約300万円だった。記事からは、パチンコ依存症の責任が印象に残った。

弁護側は、夫のドメスティックバイオレンス（DV）に耐えかねたためだったと反論した。カウンセラーが裁判所に提出した鑑定でも、殺意は急に現れたものではなく、長年にわたって我慢に我慢を重ねてきた結果だという。

DVの被害者として考慮し減刑を求める支援グループがつくられた。支援グループの資料によると、妻は被害者である夫とは再婚。結婚当初から精神的、性的、身体的、経済的な暴力を受けてきた。結婚当時から繰り返し嫌みや罵声を浴びせられ、子どもの前でわざと妻に暴力をふるっていた、という。

しかし、一審の名古屋地裁では検察側の求刑通りの懲役20年、二審（控訴審）の名古屋高裁では、夫の暴力を認めたが、懲役18年の実刑判決が下された。

事件があった平成17年は、愛知県で「配偶者からの暴力防止及び被害者支援基本計画」が策定された年（12月）である。事件は策定前の4月だったが、愛知県女性相談センターはDV防止法に基づいて、配偶者暴力相談支援センターの機能をつけていたことから、相談すればDVについては、なんとかなった可能性もある。

†出会い系サイト規制法

出会い系サイトが普及していく中で関連した事件が増加傾向となる。警察庁は、出会い系サイトを規制する方向性を打ち出し、公益財団法人日工組社会安全研究財団に委託し、「インターネット上の少年に有害なコンテンツ対策研究会」（代表＝苗村憲司・慶應義塾大学教授）が設立されたのは平成13年（01年）4月。「インターネット上の違法・有害コンテンツの実態を明らかにするとともに、それらの少年への影響の状況、さらには、それらと少年を切り離す対策について、幅広く研究を行う」ことが目的である。違法・有害なコンテンツの具体的な定義は示されていなかったが、「インターネット上において、性に関する過激な映像、残虐性、粗暴性をいたずらに刺激する映像等、少年にとって好ましくないと思われるコンテンツ」との言葉がある。類推すると、ポルノサイトや出会い系サイトなどを指したと思われる。何が違法・有害かは一概には判断が難しい点を踏まえながら、少年に有害なコンテンツが分類された（「同研究報告書」14頁)。

ア　一般的に有害と考えられるもの

ポルノ、暴力、残虐、自殺、いじめ、カルト、極端な思想、差別、誹謗中傷等を内容とするものが考えられるが、その捉え方の程度は、内容、受信者の年齢等の属性及び地域性等によって異なる

イ　それ自体は有害とは言えないが使い方によっては有害とされるもの

「出会い系サイト」に利用されている掲示板・チャット等は、本来の機能は有害とは言えないが、その使い方によっては児童買春の被害が生じるなど利用方法により有害となり得るもの

ウ　中立的な立場からコンテンツを提供しているが、受信者の属性、捉え方によって有害となるもの

エ　性、薬物、危険物等についての情報を提供するもの

出会い系サイトは、「使い方によっては有害とされるもの」に分類された。その上で「テレフォンクラブに続いて『出会い系サイト』が児童買春事犯の温床になっている」として、対策

の必要性が述べられた。この研究会は警察庁主導なので、警察的な対策が検討される。ネットの規制や青少年政策を謳うならば、総務省や文部科学省の関係者が入らなければならないが、ひとりもいなかった。メンバーにインターネット関連業者はいるが、専門家不足は否めない。

当事者である子どもに必要な啓発について、学校においては「情報リテラシー」、学校以外では交通安全のマナーと同じように教育する、というだけだった。出会い系サイトを使って援助交際をしようとする子どもたちの環境調整やケアという視点は見られない。当事者性があるほど孤立感が増す。つまりは、大人が理解していないというメッセージを発しただけではなかったか。この報告書をベースに、その後も検討が重ねられて、平成15年（03年）6月にできたのが「インターネット異性紹介事業を利用して児童を誘引する行為の規制等に関する法律」いわゆる「出会い系サイト規制法」である。

†何が、出会い系サイトか

出会い系サイト規制法では、18歳未満の児童のサイト利用を制限するために、第6条で以下のようにあげている。

一、児童を性交等（性交若しくは性交類似行為をし、又は自己の性的好奇心を満たす目的で、他人の性器等（性器、肛門又は乳首をいう。〈以下同じ。〉）を触り、若しくは他人に自己の性器等を触らせることをいう。〈以下同じ。〉）の相手方となるように誘引すること。

二、人（児童を除く、第五号において同じ。）を児童との性交等の相手方となるように誘引すること。

三、代償を供与することを示して、児童を異性交際（性交等を除く。次号において同じ。）の相手方となるように誘引すること。

四、代償を受けることを示して、人を児童との異性交際の相手方となるように誘引すること。

五、前各号に掲げるもののほか、児童を異性交際の相手方となるように誘引し、又は人を児童との異性交際の相手方となるように誘引すること。

ちなみに、異性交際を同規制法第2条は「面識のない異性との交際」と定義しているが、それではいまいちわかりにくい。解釈基準では〈面識のない異性との、男女の性に着目した交際、すなわち、相手方が男であること又は女であることへの関心が重要な要素となっている感情に基づく交際を意味し、性交等を目的とする交際に限られない。よって、男女の性以外の要素に着目した交際であれば、「異性交際」には当たらない〉とされている。なお、同性愛を想定する出会い系サイトは、この規制法の対象ではなく、議論にもなっていない。

平成20年（2008年）6月、同規制法の改正が行われた。法施行後、出会い系サイトを利用した児童の被害がむしろ増加に転じたことが、その理由とされた。

事業者は都道府県の公安委員会への届け出が必要となり、名義貸しは禁止。加えて、利用者には免許証や身分証などで18歳未満ではないことを証明する義務が生じた。しかし、年齢や生年月日、書面の名前、発行者の名前が書いてあればよく、本人の名前や写真はなくても構わない。ネットには、出会い系サイト登録用に名前や顔写真をふせた証明書画像もアップされているので、それを利用すれば、事実上、登録できる。

どんなサイトが規制法の対象なのか。それまで曖昧だった点について、法改正時に警察庁が「『インターネット異性紹介事業』の定義に関するガイドライン」にまとめている。それによると、サイト内で「男、女」と性別を判断する項目がある場合は、出会い系サイト扱いになる。「電話、手紙、電子メール等の手段による会話、文通もこれに該当する」ということから、メル友募集サイトも、性別の項目があれば規制対象。「結婚相談サイト」も面識のない者同士による異性交際が前提であるため規制対象。利用者同士が直接会うことを禁止しているサイトであっても、電話や手紙、メールなどでの連絡が異性交際となるため、規制対象になる。

「恋愛相談」を謳っている場合は、もっぱら「相談」に限定しているのであれば、規制対象外。しかし、実際には異性交際に発展することもある。管理者がそのことを許容しているかどうかで規制の対象かが決まる。

†ネットでの出会いは、もはや一般的

警察庁の統計によると、出会い系サイトに起因する殺人事件は平成13、14年（2001、02年）の6件をピークに減っている。一方でSNSを原因とした犯罪やトラブルが増加している。出会い系サイトそのものが事件を起こすわけではない。しかし、そこには悪意を持つ者が紛れ込んでいる。孤独感を抱いていたり、自己肯定できなかったり、自暴自棄になっている人が加害者の悪意と接した時に事件に結びつく。もちろん利用者の未熟さに起因することもある。

ネット上の危険を避けるため、学校でのリテラシー教育、携帯電話業界によるフィルタリングの実施、警察による啓発が行われているが、事件当事者には説得力がない。被害者はエアポケットに入ったかのような状況で、加害者にコントロールされ、意味をなさない。

出会い系サイトやマッチングアプリは、恋愛や結婚を促進するのか。結婚相手の紹介サービスを提供する「オーネット」が新成人618人（男女309人ずつ）に「恋愛・結婚に関する意識調査」を実施した（2019年）。それによると、異性と「交際したことがある」人は全体の60・8％、「現在交際している異性がいる」人は全体の30・1％で、2項目ともに過去2年間と同水準だった。「交際している」は、平成23年（2011年）まで下降傾向だった（23・0

%）が、徐々に回復している。

交際のきっかけは、男女とも1位が「大学（専門学校、大学院を含む）」で32・3%。次いで「幼稚園から高校時代までの知り合い」が21・5%だった。そして、男女とも3位はSNSで15・6%となっている。前年の女性の3位は「アルバイト先の知り合い」で17・9%だったが、9・9%と大きく後退している。アルバイト先よりも、SNSでの出会いが上回り、SNSをきっかけとした恋愛が日常化したことを示している。

初体験がネットで出会った相手というのも一般的になりつつある。

相模ゴム工業の調査「ニッポンのセックス」（2018年、対象1万4100人）によると、20代の男女がインターネットで初体験の相手と知り合うことは珍しくない。20代女性の14・7%（SNS11・2%、ソーシャルゲームなど0・6%、出会い系サイトなど2・9%）、20代男性の10・6%（SNS7・3%、ソーシャルゲームなど0・5%、出会い系サイトなど2・8%）に及ぶ。これがたとえば5年前だと女性は9・6%だったから、明らかにネットをきっかけにした出会い、交際、性体験は増えている。

その一方で、非婚・晩婚化の傾向が強まっている。

厚生労働省の「人口動態統計特殊報告・婚姻に関する統計」（2016年度）によると、「夫婦とも初婚」の場合の平均的な結婚年齢は、夫が30・7歳、妻は29・0歳で、男女ともに上昇傾向だ。総務省の「国勢調査」によると、結婚率（人口1000人あたりの婚姻件数）は、この年に過去最低の5・0になった。1970年代前半の半分の水準だ。50歳までに一度も結婚しない人（生涯未婚率、44～49歳の未婚者と50～54歳の未婚者の平均）は、男性が23・4％、女性が14・5％と、こちらも上昇している。

出会いが多くあれば、「この人よりよい人が現れるかもしれない」という期待を抱くこともあろう。結婚したい場合でも、子育てにお金がかかることや、結婚するほどの相手との出会いがない、あるいは、結婚の現実に希望が持てないことがあるだろう。

ただ、あくまでもネットは手段であること、メディア特性を理解すること、相手を尊重すること、性的同意を得ることは欠かせない。

第三章　SNSは孤独な心情を映し出す

†ブログによるコミュニケーション

インターネットでは、ユーザーが多様な情報を受け取ることができると同時に、情報を発信できる。私も平成7年（1995年）にはタグを打ち込み、教育関係、子どもの権利関係が中心のホームページ（HP）を作成した。ネットにはどんな情報でもあると喧伝されていたが、いくら検索しても、多様な情報にはたどり着けずにいた。発信者が限られていたからだ。「ないなら、つくってしまえ」と思った。HPの作成ソフトを使っていたユーザーもいたが、私はマッキントッシュだったためか、使い勝手のよいソフトを見つけることができず、他のサイトを参考にしながら、タグを打ち込んだ。

ウェブサービスやHPなどの各種サイト内容に応じてカテゴリわけする「Yahoo!カテゴリ」に登録を申し込むと、私のHPは「教育」に分類された。Yahoo! JAPAN創業以来のサービスだったが、カテゴリ検索が多様なサイトに適合しなくなり、平成30年（2018年）3月にサービス終了した。

当時は更新されるたびに「更新情報（what's new）」として発信されることが多かった。更新した日付や内容を掲載する一行情報で、日記サイトの始まりではないかと言われている。96年、「日記猿人」という日記サイトのリンク集が生まれる。登録型の日記ランキングサイト「ReadMe! JAPAN」もサービスを開始した。

2000年代前半、テキストさえ入力できればHPの体裁が整えられる、「ブログ（blog）」が登場する。ウェブ（web）に記録する（log）ことからなる造語で、ブログを書く人はブロガーと呼ばれた。

総務省情報通信政策研究所の「ブログの実態に関する調査研究――ブログコンテンツ量の推計とブログ開設要因等の分析」（2009年3月）によると、登録者は平成17年（05年）3月の335万人から、翌年3月には868万人になった。アメリカのテクノラティ社の調査（07年3月時点）では、同社が追跡するブログ数は世界全体に7000万以上で、日本語のブログは37％と英語ブログ36％を超えていた。エデルマン・ジャパンの調査（07年3月公表）では、日本のネットユーザーのうち74％がブログを閲覧していた。これは韓国の43％、アメリカの27％、イギリスの23％、フランスの22％と比べてダントツだ。

国内ブログ数は、平成15年（03年）前半までは数万から十数万だったが、その後急増。3年後の1月には1000万に達した。ブログを開設したタレントや有名ブロガーの影響力が増した。休眠状態になったりの繰り返しであったが、1000万のうち3分の1は、毎月1回以上更新されるアクティブ・ブログとして維持された。

†事件前のブログ

これまで日記や手記は事件の動機を知るための手段として報道に使われ、理解しにくい犯罪ほど求められた。犯罪者や被害者が執筆する書籍は社会的なメッセージを意識しながら、事後に書かれるため、事件前のぐちゃぐちゃした心情ではなく、整理されたものになる。一方、ブログなど事件に至る前につづられたものを読むと、当事者たちがどんな心情だったのか、必要な処罰やケアは何か、どうフォローすべきかを考えるヒントが得られることもある。

平成15年11月、大阪府河内長野市で家族殺傷事件が起きた。43歳の母親を刺殺し、46歳の父親と14歳の弟に重傷を負わせたとして逮捕されたのは18歳の戸川彰人（仮名）。殺人予備罪の疑いで16歳の恋人の宮崎淳子（仮名）も補導された。

2人は9月から交際していた。淳子は「自分も家族を殺そうと思い、包丁を買った。逃げて2人でしばらく暮らした後、一緒に死のうと思った」と供述した。

淳子の親は教師だった。学校での成績が良く、中学時代は生徒会の役員で、無遅刻、無欠席。淳子に問題行動はなかったが、警察の調べに対し「中学時代は自殺未遂して一人ぼっちだった。9月頃（男子生徒と）知り合って落ち着いた。自分をよくわかってくれる人だった」と話した。

淳子のHPは「自傷系サイト」だった。自殺願望を吐露し、自傷行為の写真をアップしていた。殺傷事件との関連が指摘された。

自傷系サイトが増え始めるのは2000年前後である。自傷行為に関する相談や情報交換、「自殺と自傷は違う」と主張したり、カミングアウトするHPが多かったが、次第に自傷行為中の写真を掲載するHPも増えた。個性を発露する手段として、また、表現手段として、死や血をイメージした歌詞を歌っているビジュアル系バンドのファン層を連想させる。

淳子のHPは網羅的な自傷系サイトで、特別変わったサイトという印象ではなかった。日記で、「手首切断症候群」と題して「生きる為のエゴイズムの象徴／死の儀式の真似事」等と自傷行為をする心情を述べ、〈漠然とした自殺願望だけじゃ／何も伝わらないのかな〉と吐き出していた。逮捕された彰人については、〈一緒に生きる相手では無く／一緒に死ねる相手で在る〉と書いている。

これらの文言は自傷系サイトではよくある表現であり、「死にたい」とあっても真の自殺願望とは限らないが、少年たちを理解する一助になり得る。淳子はブログに心情を書くことで、思春期特有の心情の揺れのバランスを取っていたのではないか。警察には「誰も自分のことをわかってくれず、一人ぼっちだったが、彰人だけが理解してくれた。お互いの両親を殺害して一緒に暮らそうと話し合っていた」と話していることから、理解される相手として彰人を認識していたのだろう。

「住まいを確保して一緒に暮らしても、事件を起こした以上、それが長続きしないことはわかっていた。最後は2人で死のうと考えた」。淳子は警察にこうも話している。現実に心中を考えるタイミングは事件後だったのだろう。

一方、彰人の心理状態はどんなものだったのか。周囲の証言では、高校時代は真面目で目立たない生徒だった。また、「家族がそろった状態であの世に行きたかった」と供述した。家族殺害の裏には、自殺願望があったということなのだろうか。「ひとりで自殺するのが怖かったので家族を道連れにしようと思った」。

家族間のトラブルはないが、少女と2人で暮らすために、互いの両親を殺そうと思ったのか。事件前に、彰人は弟と揉めた。その2時間後、母親に「死にたい」と相談をしていたが、母親は聞く耳をもたなかった。2人の話を父親が目撃したが、内容は聞いていない。その直後に、母親に切りつける。刃物を取り上げようとした父親は、腹部を刺されてしまった。

淳子のブログにはこんな記述があった。〈死にたくなったらどうしたらいいんでしょう〉〈お家に家族がいないっていう状態が好きなんです〉。この頃、彰人と淳子は、お互いの家族を殺害する計画を立てていたとみられる。

〈悩んで悩んで、結局、分からないまま散る命も多い筈〉。そして、事件当日。〈では、いってきます〉。平成16年（04年）3月18日、大阪家裁は2人に医療少年院送致を言いわたした。

†佐世保小6女児同級生殺害事件

平成16年6月1日。長崎県佐世保市の市立大久保小学校で、6年生の女児が同級生を殺害した。給食の準備中、加害女児は被害女児を教室と同じフロアにある学習ルームに呼び出した上で、頸動脈や左手首をカッターナイフで斬りつけた。小学生が加害者で、その同級生が被害者になったこと、現場が白昼の学校だったこともあり、世間に衝撃を与えた。

「私の血じゃない。私のじゃない」。血まみれの加害者はカッターナイフを持ちながら教室に戻った。佐世保市消防局の救急隊員が駆けつけた時には、被害者は心肺停止状態。長崎大学医学部の司法解剖により、死因は首を切られたことによる失血死だった。

警察もメディアも学校関係者も、原因を「インターネット」に求めた。新聞記事には「ネットの書き込みでトラブルか」(毎日新聞)、「HP書き込みトラブルか？」(朝日新聞)などの見出しがおどった。取材の経験上、ネットのやりとりで怒りを抱くケースは何度となく見てきた。私もそうした感情を抱いたことが何度かある。ネット・コミュニケーションを眺めていると、程度の差こそあれトラブルになって気分を害した際に「死ね」などの言葉がよく書き込まれる。しかし怒りと殺意、言葉などと殺害の実行行為の間には、明らかに距離がある。

キューレス・メディアである活字は、コミュニケーションに必要な要素の一割もない、と言われている。そのため、誤解を招きやすいし、フレーミング(言い争い)も起きやすい。その結果、怒りを覚え、不確定な殺意へ発展する可能性がある。ネット限定の友達であればシャットダウンすれば関わらずにすむし、怒りが増幅して殺意へ転移しても、実際には手を出せないので諦めることができる。だがこの事件は匿名の他者でなく同級生であり、毎日のように顔を合わせているのだ。つまり、リアルな関係が殺意をむしろ継続させたのか。あるいは、日常的にいざこざや摩擦があり、HPの書き込みトラブルはそのひとつなのではないか。

事件を受けて、ネット・ビジネス関連のシンクタンク「ネットアンドセキュリティ総研」が15歳以下の男女を対象に、ネット利用での怒りについての意識調査をした。それによると、66%が「ネット利用時に頭にきた」と答えている。メールやチャットでは少なかった。「ネット利用中に誰かを殺したいと思ったことがあるか」では39%が「ある」と回答した。その相手は「学校の友達」が21％で最も多かった。「先生」が18％、父親が15％だった。「ネットの友達」は5・1％と極めて少ない。対面コミュニケーションの度合いが多いほど、コミュニケーションは過剰になりやすく、怒りを覚えやすい。

†過剰すぎるコミュニケーション

逆に、ネットというキューレス・メディアでのトラブルであっても、学校や教室のリアルな会話で補えなかったのだろうか。文字によるコミュニケーションへの固執、こだわりの理由はなんだったのか。

事件の当事者2人を含む同級生3人は、「Cafesta（カフェスタ）」というサービスでHPを持っていた。テキストさえ打ち込めば、誰もがHPが持てるサービスだ。私もこのサービスをサブのHPとして利用していた。そのサービスを使っていた加害女児の事件の直前の日記だ（改行をスラッシュで省略。以下、日記の引用同じ）。

「うぜークラス」

つーか私のいるクラスうざってー。／エロい事考えてご飯に鼻血垂らすわ、／下品な愚民や／失礼でマナーを守っていない奴や／喧嘩売ってきて買ったら「ごめん」とか言って謝るヘタレや／高慢でジコマンなデブスや／カマトト女しったか男、／ごく一部は良いコなんだけど大半が汚れすぎ。／寝言言ってんのか？　って感じ。／顔洗えよ。／不快でも苦情は出さないでクダサイ。

日常の愚痴にすぎないだろうが、クラス全体が、少なくとも、この瞬間は、彼女の心の居場所になり得ていない。日記はガス抜き効果も期待できそうだが、クラスメイトも読むため匿名ではない。彼女はそれを意図したのだろうか。

彼女はさまざまなコンテンツをつくっていた。たとえば「BATTLE ROYALE―囁き―」の題名で書いた小説は、高見広春の『バトル・ロワイアル』（太田出版、1999年）の私家版だ。法律によって中学生同士が生き残りをかけて殺し合うという設定のまま、平成12年（2000年）に深作欣二監督、息子の深作健太脚本で映画化された。キャッチフレーズは「ねえ、友達殺したことある？」。深作監督の遺作となった続編『バトル・ロワイアルⅡ 鎮魂歌』ともにR-15指定だ。

だが、これは加害女児に限らない。同作品のファンサイトでは、私家版をつくって、自身のHPで公開する少年少女たちがいた。同書の設定を踏襲した二次創作は「オリジナル・バトル・ロワイアル」略して「オリバト」と呼ばれる。殺人事件との関連があるというのなら、多くの少年少女が事件を起すことになるが、そうはならない。

カフェスタでHPをつくっていた同級生3人はチャット仲間であり、オンラインでもオフラインでも交流があった。ただ、オンオフ両方でコミュニケーションがあるということは、一日中、一緒にいるようなものだ。親密になる一方で、過剰になる。

オフラインでのやりとりとオンラインのそれは、密接にリンクする。学校で遊んでいる最中、加害女児が被害女児から「(体重が) 重い」と言われ腹を立てたとか、掲示板に「髪が似合わない」といった悪口を書かれたなどだ。小学6年生の女子児童となれば、体重や髪型は気になるものだ。加害女児は、事件約3週間前のHPの日記（5月10日）にあるように、痩せようとしていた。


30キロ代に痩せるどーーーっっ！／中肉中背だけどね、絶対痩せます。／間食をしない事を誓います。／筋トレや色々頑張ります。／今日は腹筋333回と、何だっけ、、あれを200回しますスタ。まぁ、楽しくやったケド・；／腹筋楽しかったッス。（え）／痩　せ　ま　す　。／アドバイスあったらカキコしてv（原文ママ）

†過剰な知識と

加害女児の日記には、いくつかの詩が記されていた。平成16年（04年）2月1日は、「詩@それが全てではないのだから……」というタイトルで、以下のようにつづられている。

闇をこえてこそ光はきっとある？？？／影、漆黒の才が闇を満たしていようと構わない。／今の私は私。それが全てではないのだから。／いくら奈落の底まで落とされ、絶望を／味わおうと、無意味ではない。／苦汁、絶望、苦しみが私を支配するけれど、／全てと戦い、闇を葬り／光とこの身の有り難さをそのぶん欲したい。／そう、雲で隠れた月は地上に光を与えない／けれど、光は存在するから、だから、／真っ暗になってもずっと月にたよらないで、／皆で頑張ると、月よりも明るく／照らし合えるはず。／七転八起　私は最初は転んでばっかり、／でも、最後は起き上がるのもいいと思う。

****

いゃ？（汗）へちょい詩でぇ（汗汗）／何これぇ!!　あ?、あなた、こんなの／書かなくていいから。は禁句です〈〉〈〉／ぇっと、ぅ？　ん……あとがきって、いるのか／…………。ほんとに、ぅん。／んじゃ、ヘリで逃亡!!　でゎ？

日記の内容は、小学6年生のわりには早熟な印象を受ける。「闇をこえてこそ光はきっとある」というのは、当時の加害少女の状況が「闇」だったからなのか。しかし、小6としては「ヘリで逃亡」したいくらい照れくさかったからなのか、詩を書いたあとにおどけて見せている。翌日の2日には「詩@嘆きの賛美歌」と題した詩を書いている。

闇夜の空に沢山の星がちりばめられる、夏の空／心地良い草の香りのする草原、リンリンと鈴虫の鳴く音／田舎だが、私はこの環境がすきだ。／都会に無いモノがあるのだ。／人間は自分たちの生活が豊かになるために、／木を沢山切ったり、ゴミ、不燃物などを平気に捨てたり……／そんな事をしているらしいが本当に豊かなのだろうか？／熱帯雨林、環境破壊、有毒ガス、生活が豊かになる一方、／数え切れないくらいの自然破壊が多数ある……／川が汚れ、魚たちが死にいたり、森も破壊され／生き物たちの生きる場を失っている。／聞いて欲しい、人間の生活が豊かになるのはいいが／私たち、生き物・自然に迷惑をかけないで、／この地球に住んでいるのは、人間だけではないのだから。／わかっているのでしょう？／自然や生き物のこのままでの未来が。／わかってよ……／今では人間が生き物を殺すと何もならないことが多いけれど、／私たちは人間が生き物と同じ、／虫も／魚も／動物も／木、花も／たった一つだけのかけがえのない、／「命」をもっているのだから…………／殺さないで、沢山殺して殺して殺して殺して……／森の木も人の手によって焼き払われたりしたよ。／「自然も生きているのだから、息をしているのだから」／木や花も動いたり、話したりはしないけど、／生きているのだよ………。／生きているのだから、全て生きているのだから。／神様はいるのですか…………助けて下さい……

早熟な小学6年生という印象を受けるが、私の取材経験からすると、そもそもネットユーザーには早熟な人が少なくない。またネットは、思いついたキーワードを検索すれば、関連する「世界」の入り口へと容易にたどり着ける。関心がある単語で検索を繰り返せば、かたよりはあるが〝知識〟も増える。通常の小学生では知り得ない漢字や言い回しも身に着くことから、その傾向が増幅される。いろいろな年代の人と交流できることもある。たとえ小学生であっても、感性が鋭いユーザーなら年齢からは想像できないような言葉遣いや表現は珍しくない。

†ネットとリアルの狭間で

この時期から、加害少女はネットにのめり込むようになる。1月頃に、大好きだったミニ・バスケットボールクラブを抜けた。一度は復帰したが2月に再び退部した。中学受験のためとされるが、成績が下がったのを心配した両親から「宿題がやれないなら辞めなさい」と言われたからだ。

加害女児はクラスの中でどんな人間関係をつくっていたのか。平成15年（03年）5月頃に、音楽授業でのグループ分けで女子が対立し、ふたつにわかれた。加害女児と被害女児は同じグループで、その仲間内で交換ノートが始まった。一方のグループの児童を悪く書くこともあった。

5月上旬には、HPを開設している同級生3人はチャットで仲良く会話していたが、一時のことだった。被害女児が自身のHPで、加害女児のことを「ぶりっこ」「いい子ぶっている」と書き込んだのだという。被害女児にHPのつくり方を教えたのは加害女児だったこともあってパスワードを知っていたので、その書き込みを削除したが、また書き込まれた。被害女児はHPのトップページにこう書き込んだ。

荒らしにアッタんダ。マァ大体ダレがやってるかヮわかるケド。／心当たりがあるならでてくればイイし。／ほっとけばいいや。ネ。／ミンナもこういう荒らしについて意見チョーダイv／じゃまた今度更新しようカナ。

さらに彼女の「チッマタカヨ。」というタイトルがつけられた5月30日の日記は、アバターがいたずらされたことに触れている。そうして、ネット上の喧嘩、フレーミングに発展していった。

なんでアバターが無くなったりHPがもとにもどっちゃってるケド、ドーセアノ人がやっているんだろぅ。フフ。／アノ人もこりないねぇ。／(゜∀゜)ケケケ

†ネット・コミュニケーションと人格特性

長崎家裁佐世保支部は平成16年（04年）9月、最終審判の決定を行った。小松平内裁判長は「女児を児童自立支援施設に送致する」と決めた。処遇の理由の中で、加害少女の人格特性をこう示している。

「加害少女は、生来的に、①対人的なことに注意が向きづらい特性、②物事を断片的に捉える傾向、③抽象的なものを言語化することの不器用さ、④聴覚的な情報よりも視覚的な情報のほうが処理しやすいといった認知や情報処理の特性を有している。そのため、加害少女は、自分の中にある曖昧なものを分析し統合して言語化するという一連の作業（たとえば、感情の認知とこれの言語化）が苦手である」

いわゆる発達障害などで指摘される認知特性だが、診断される程度には至らないとしている。

ネット・コミュニケーションの良い面は対人関係による、緊張や不安、恐怖などを取り除く、

あるいは減らせるということがある。「①対人的なことに注意が向きづらい特性」「④聴覚的な情報よりも視覚的な情報のほうが処理しやすいといった認知や情報処理の特性」についてだけ考えれば、ネットはよい手段だ。言葉や表情をうまくコミュニケーションの手段として使えなくても、文字や顔文字、画像などを用いて補える。

一方、「②物事を断片的に捉える傾向」については、ネットと対面、どちらのコミュニケーションでも、その文脈やコミュニティの空気を誤読する恐れはある。「③抽象的なものを言語化することの不器用さ」では、特に抽象化された感情の表現や理解が難しい。

加害女児には、ネット・コミュニケーションに有利なスキルと不利なスキルが混在していたが、「会話によるコミュニケーションが不器用な加害少女にとって、交換のノートやインターネットが唯一安心して自己を表現し、存在感を確認できる『居場所』になっていた」と、裁判長は指摘した。加害少女は文字にこだわりが強く、反面、共感的なやりとりが苦手だ。ネット・コミュニケーションは空気を読み合う側面があるが、加害少女にはそれができなかった。

長崎県教育委員会の「佐世保市立大久保小学校児童殺傷事件調査報告書」(平成16年12月)は、「事件直後の加害児童の発言から、インターネットの掲示板への書き込みが、加害児童が、被害児童に対して、『怒り』や『憎しみ』を抱く大きな要因だったことがわかる」と報告している。そのため、再発の防止に向けて、「子どもの心の状態を把握することや、道徳教育、インターネットモラル・マナー向上対策などの長崎モデル」が提唱された。しかし、どのような人員が必要かは示されず、再発防止の具体性を欠いた。結果として、平成26年（14年）7月の佐世保女子高生殺害事件にもつながる。

†母親毒殺未遂事件、女子高生の日記

平成17年（05年）、静岡県伊豆の国市の16歳の女子高生が、毒物及び劇物取締法で規制される劇物タリウムを使って母親を毒殺しようとした。彼女は楽天ブログを使って日記を書き続けていたが、事件後に削除された。全文は読めなかったが、一部キャッシュが残っていた。

日記を書き始めたのは6月。その4ヶ月後の10月に母親が入院する。家族が警察に相談し、女子高生の容疑が固まっていく。タリウムを入れた容器は学校でも持ち歩き、「お守り」と供述していた。自室から瓶が20本見つかった。彼女がタリウムを買ったのは4月。化学部の実験という理由だった。初めての日記にはこう書かれている。

暗然な日々
日記を書き始めようと思います。学校の人はこの事を知らないので、嫌な事とかも全て書くつもりです。6月26日天気晴れ僕の友人は少ないです。教室では何時も孤独……

２００５年06月27日

日記は、押収されたパソコンの「真実の口」という名のフォルダにあった。供述によれば、内容は創作が混ざっているという。日記の作成者名（ハンドルネーム）は岩本亮平という16歳の男子生徒に設定していた。男性が女性を装うネカマに対して、女性が男性を装う場合は、ネナベと呼ばれる。

読書
今日は本の紹介します。グレアム・ヤング毒殺日記　尊敬する人の伝記、彼は14歳で人を殺した。酒石酸アンチモンカリウムで、毒殺した。其の薬品は僕の部屋の……

２００５年07月03日

この日の日記には、事件のカギが見られる。14歳の時に継母を毒殺したノンフィクション作品『グレアム・ヤング　毒殺日記』（アンソニー・ホールデン著、高橋啓訳、飛鳥新社）を紹介したものだ。初版は74年。平成6年（94年）に『The Young Poisoner's Handbook（若き毒殺魔のハンドブック）』のタイトルで映画が公開され、日本でも話題になり、ビデオ化もされた。平成8年（96年）に出版された新版は97年に訳出された。

同書によれば、グレアムは47年、虚弱児として生まれる。生後3ヶ月のとき母親が亡くなり、2歳半で父親が再婚した。グレアムは学校や家庭を嫌って、図書館に通った。医学や犯罪、黒魔術、ナチズムに関する書籍を読んだ。毒殺事件に関するものもあった。彼は家の飼い猫をひどくいじめるようになる。

62年、継母を毒殺し、父親や姉妹、友人の食べ物にも毒物を混入した。グレアムは逮捕されるものの、毒殺では逮捕されなかった。火葬によって継母の死因がわからなかったからだ。有罪判決を受けたが、9年で釈放された。

その後、再び毒物殺害事件を起こす。71年、同僚を殺害したことで逮捕された。警察に、継母毒殺を自慢する供述をしている。グレアムのハンドブックは、8人の被害者について書かれていたが、裁判ではハンドブックを「フィクションだ」と述べる。ただ、便宜上「日記」と呼ぶことは認めた。タリウムを買った動機は、あくまでも実験であると主張した。しかし、この段階では科学捜査の技術が進み、火葬しても死因が特定できた。翌年、グレアムは終身刑となり、90年に獄中で病死した。

彼女は、これを模倣したのだろうが、同書に日記の詳細な記述はない。母親にタリウムを盛って殺害しようとした彼女の日記はオリジナルだ。日記で彼女は、グレアムの本を紹介するとともに、グレアムを「尊敬する人」と書いた。また、彼女は自分でも過量服薬を試みた形跡があった。

薬遊び

7月6日　晴れのち雨そして快晴　この間買った酔い止め薬の通常使用量の8倍の量を飲み干しました。なんか浮かんでいる気がします、ふわふわして地に足が着いてない……

２００５年07月07日

その後も、日常の何気ない日記の中にも薬物の名前が出てくる。彼女の薬に対する興味のほどがうかがわれる。グレアム同様に、独学で薬物や毒殺に関連した書籍を読む。

毒殺劇

7月16日晴れ。今日は図書館に行って本を借りてきました。「死体を語ろう」や「日本列島毒殺事件簿」、「薬物乱用の科学」、「有機科学入門」等を借りました。……

２００５年07月16日

グレアムは孤独だった。と同時に、毒物による殺害事件を起こしても気がつかれないと思い込んだ自信家でもあった。彼女も同じように孤独な自信家ゆえにグレアムに共鳴し、ネットで日記を書くようになったのだろうか。グレアムは家族の通報で事件が発覚したのだが、同様に彼女も兄への相談で事件が発覚した。彼女は捜査段階では「母親が部屋にあるタリウムを勝手に飲んだ」などと、殺意を否認していた。

†承認欲求と攻撃性

私は生きづらさをテーマに取材しているので、精神科に入院・通院している人の話を聞いたり、クスリの名が出てくるウェブ日記やブログ、今ではツイッターもそうだが、さまざまな場で目にすることが多い。ただ、薬品名は精神科の処方薬や市販薬がほとんどで、化学薬品の名前が出てくることはめったにない。

「感情がない植物になりたい」（7月23日）と書く彼女の悩みはどこにあったのだろうか。

価値

今日は保育体験実習に行きました。／其処の保育園で四歳児の世話をしました。／彼等はとても可愛いです。／彼らは僕を必要とし、求めてくれます。／僕に存在価値を見出してくれるのです。／僕にも価値があったなんて、／今まで受けた悲しみが少し慰められた気がします。

2005年07月13日

「保育体験実習」で、園児に必要とされたことから彼女は「存在価値」を見出した。しかし、悩みについては「今まで受けた悲しみ」とあるだけ。同じ日の「空気」と題した日記には「まるで僕なんか存在しないみたいに」と記されている。存在感のなさ、寂しさ。同じ日につづられた文章のタイトルは「共感と慰め」だった。

共感と慰め

寂しいよ、君達の言葉で安心させて欲しい。生きてる時寂しかったら、あの世では皆と仲良く過ごしたい／理論的に無理だけど、そんな気持ち。もう何もかも捨て……

2005年07月13日

承認欲求に身もだえる一方、翌日の女子高生の日記を読むと、他者に対する攻撃性が増していることも読み取れる。「寂しいよ」と書いた翌日（7月14日）の彼女の日記に描かれたのは犬に対する攻撃だった。また、猫の死体にも関心を寄せていた。感情が抑制できなくなってきていたのではないだろうか。
女子高生はそれまでにも動物を殺害したことを告白する。さらに、ハムスターを殺害するまでの「実験」も始めていた。生き物を殺すことが慰めになっているとも書く。

日記
8月5日　今まで様々な生物を僕は殺戮してきた。彼等で遊ぶのは楽しかったが、同時にとても疲れた。何故なら、残った肉塊の処理だけでも数時間は優に要したから……

2005年08月06日

夜は狂喜
生き物を殺すという事、何かにナイフを突き立てる瞬間、柔らかな肉を引き裂く感触、生暖かい血の温度。漏れる吐息。すべてが僕を慰めてくれる。

2005年09月04日

動物虐待を予兆とする殺人事件となると、平成9年（1997年）の神戸連続児童殺傷事件をイメージする人もいるだろう。犯罪者の中には、「酒鬼薔薇聖斗」を崇拝する人もいる。平成26年（2014年）、19歳の女子大生が、宗教の勧誘で知り合った77歳の女性を殺害した名古屋大学女子学生殺人事件では、その名古屋大生が酒鬼薔薇聖斗を崇拝し、ツイッターで公言していた（ちなみにこの女子大生も高校時代、同級生に硫酸タリウムを飲ませる事件を起こした）。

グレアムも動物虐待をしていたが、グレアムを尊敬する彼女も生物を殺すことで、高揚感を得ていた。彼女も、動物虐待からの連想で神戸連続児童殺傷事件を思ったかもしれないが、酒鬼薔薇聖斗が好きではないと日記に書いている。

残酷な現実感

唐突だけど、僕は酒鬼薔薇少年が好きではありません。自作の詩だという「懲役13年」は、神曲等の有名な詩を切り貼りしただけの代物ですし。犯行声明も何処か……

2005年07月30日

†観察者に徹したウェブ日記

8月中旬から彼女は母親の食物にタリウムを混入し始める。タリウムの影響で不調を訴えた母親が入院したのは9月に入ってからだった。彼女の日記には母親を心配している様子も書かれており、捜査段階では「家族だけが居場所」と供述した。居場所である家族にタリウムを試す。このアンビバレントな感情は簡単には理解しがたいが、日記を書く自身は傍観者のように

「実験」を観察していたのかもしれない。ウェブはグレアムと同化する道具だったのだろう。

静岡家裁沼津支部は、女子高生を医療少年院に送致する保護処分とすることを決めた。家裁は犯行理由として「少女はタリウムを試したいとの思いから、母親に飲ませたところ、予想以上に重い症状が出たため、狼狽や後悔をしたものの、犯行の発覚を恐れる気持ちから、殺意をもって数回投与した」と認定した。医療少年院送致という決定の理由は「審判で、これまでのかたくなな否認の態度から、非行事実を認めるようになった。内省をし始め、非行の重さと向き合う出発点に立ち、矯正教育が功を奏すると期待できる」としたためだ。

日記は自己フォーカスを刺激すると言われている。自己フォーカスとは、簡単に言えば、自分を見つめる行為だ。キーボードを打ちながらネットをする行為は、ある種の密室感覚になる。自分を見つめやすい時空間だ。自身を観察者にしたてることが容易になる。

†犯人のSNSをウェブで探す時代

新しいタイプの事件があれば、容疑者の卒業文集を探し出し、事件との関連を推理するという報道に加えて、いまはSNSやウェブ日記を探す時代になっている。

平成17年（2005年）6月30日、高知県の明徳義塾高校竜国際キャンパスで、17歳の男子生徒が同じ17歳の同級生の胸をナイフで刺し、現行犯で逮捕された。被害者は重傷だった。加害者はHPの日記の中で「明日こそ殺そう」と書いていた。事件2日前と前日の日記は、文字を白くして、画面を白黒反転させせないと読めない設定になっていた。

ストレスがそろそろ危険域を超えそうです。／こんな感じの憎悪と殺意は初めてです。／全ての色が混ざり合うと黒色になる様に／私の中の様々な憎悪と殺意が混ざり合って、／どす黒くおぞましいものになっている。／百回は殺したいとはこういうことか。／一回殺すだけじゃものたりない。／私が思いつく限りの残酷な手を使いたい

そこには被害者を殺したいと思うまでの感情の高まりがつづられていた。ただし、その殺意を抱くまでに何があったかまでは書かれていなかった。犯行前日の決意の日記では、躊躇する自分を鼓舞している。

私はなんて臆病だ。／そんな私がじれったくて、／憎くて憎くてたまらない。／人一人殺すことも出来ないなんて情けない。／明日こそ殺そう。／また「明日こそ」にならないように、／ちゃんと殺そう。

ウェブ日記に書けば、一部ではあっても他人が目にすることはある。犯罪予告とも読めるが、社会に発信するメッセージではないだろう。怒りを整理し、自分に言い聞かせているように見える。一方で、ウェブ日記やSNSへの投稿は、決意を示す意味で自己洗脳の道具でもあると思える。

†SNSの誕生

2000年代前半、SNSの時代に突入した。平成16年(2004年)は、SNS大手のmixi(ミクシィ)、GREE(グリー)がサービスを開始した。平成18年(06年)にはモバゲータウンが登場する。登録者が1000万アカウントに届いたのは、ミクシィが平成19年(07年)2月、モバゲーは翌年4月、グリーはさらに1年後の平成21年4月だ。ミクシィはアドレスさえあれば、匿名で繫がれるサービスだったが、徐々にユーザー登録を解放した。最後の利用時間がわかる「最終ログイン時間」や、利用者が最近いつ自分のところを閲覧したかがわかる「足あと機能」があったことで、よりつながりが深まった。ユーザー本位で使い勝手がよく、「コミュニティ」は今でも人気で、同じ趣味の人同士がつながっている。

ネットで知り合った人同士の会合であるオフ会が一般化したのもミクシィのおかげだろう。それまでオフ会は、一部のユーザーだけが経験するという印象だった。しかし、ミクシィのコミュニティは、オフ会参加の敷居を下げた。ミクシィの「友達」は「マイミク」と呼ばれた。もともと知人同士の場合はマイミクになるのが後なので「後ミク」、先にミクシィでつながったユーザーは、「先ミク」と呼んだりした。

しかし、ミクシィのアクティブユーザーは減り始める。大きな理由は「ミクシィ疲れ」と言われている。コメントに返事をしなければならない義務感が生じたり。こちらには無反応なのに別のユーザーの日記にコメントしていたりすると「なぜ、自分へのコメントがないのか」と疑心を抱く。また、ミクシィらしさを代表した足あと機能もミクシィ疲れを助長した。そのため、ミクシィは平成23年（11年）6月、足あと機能を廃止したが、それが一部のユーザーから改悪とみなされる「先週の訪問者」という機能になった。「足あと」は「ミクシィ疲れ」を助長する一方、新たなつながりも生んでいたことから、現在は再び「足あと」に戻されている。ただし、自分の足あとを1ヶ月に10件は削除できるように工夫された。

東日本大震災を取材してわかったことだが、実は一部のユーザーは、安否確認にミクシィを使っていた。停電が長引かない地域に限定されたが、特に20代前後のユーザーは、ミクシィの足あと機能を利用していた。友人のアカウントに足あとをつけて返されれば、生存を確認できる。ミクシィは、災害時の有用な使い方を示すことができるはずだった。しかしその数ヶ月後に足あと機能をなくす最悪のタイミングだったわけだ。ユーザーを減らしたミクシィは災害もきっかけに、没落傾向となっていく。ツイッターやFacebooK（フェイスブック）に、日本のSNS大手のポジションを奪われてしまった。

総務省情報通信政策研究所が東京大学大学院情報学環の橋元良明教授らとともに共同研究をした「平成28年情報通信メディアの利用時間と情報行動に関する調査」によると、平成24年（2012年）には16・8％がミクシィを利用していた。無料通信アプリLINE（ライン）が20・3％、フェイスブックが16・6％で、主なSNS内でミクシィの利用率は2番手だった。

しかし、翌年にはミクシィ利用者が12・3％に低下。ライン（44・0％）、フェイスブック（26・1％）、ツイッター（17・5％）についで4位に下落した。

ラインは、東日本大震災をきっかけに、電話が通じない時でも、ネット回線で知人とつながり安否確認ができるツールとして開発された。その後日常的なコミュニケーションツールとして若者を中心に利用者が広がった。

平成26年（14年）にミクシィはライン（55・1％）やフェイスブック（28・1％）、ツイッター（21・9％）だけでなく、一時、モバゲー（8・6％）にも抜かれて8・1％。平成27年（15年）には6・9％となり、ライン（60・6％）の10分の1、フェイスブック（32・5％）の5分の1、ツイッター（26・5％）の4分の1までになってしまった。

ちなみに、10代に限ったラインの普及率は、12年には48・9％、13年には80・3％と5人に

4人はユーザーになっている。

平成28年（16年）時点で、何らかのSNSを利用しているユーザーが全体としては71・2％に増加したが、一時期、最もユーザーを囲い込んでいたミクシィのSNSとしての存在感は見る影もない。とはいえ、ミクシィはオンラインゲームの「モンスターストライク（モンスト）」がヒットしたことで、累計ユーザー数が盛り返し4500万人を突破、ゲームサイトとしての復活を果たした。

†青少年ネット規制法

SNS内のメッセージ機能は「ミニメール」と呼ばれる。どの運営主体も現在ではミニメールの内容を監視している。ミニメール監視問題は、SNSの出会い系サイト化を防ぐ目的でなされた処置である。その根拠は、平成21年（09年）4月施行の「青少年が安全に安心してインターネットを利用できる環境の整備等に関する法律」いわゆる「青少年ネット規制法」だ。青少年に有害な情報がある場合は、閲覧できる機会をできるだけ少なくしなければならない。青少年のネット利用に対してプロバイダは、フィルタリングサービスを原則として提供する。保護者にはフィルタリングすることが義務づけられているが、刑罰はない。サーバー管理者は青少年が閲覧できないような措置をする努力義務を負う。

青少年ネット規制法の制定にあたり、平成19年（07年）に行われた「有害情報に関する特別世論調査」（20歳以上の3000人が対象。回答率は58・8％）がある。有害情報とは、①わいせつ画像などの性的な情報、②暴力的な描写や残虐な情報、③自殺や犯罪を誘発する情報、④薬物や危険物の使用を誘発する情報、など。ネット上の有害情報の規制について、「規制すべき」が68・7％、「どちらかといえば規制すべき」が22・2％で、規制が望ましい層を合わせると9割を超えた。具体的にどんな表現やコミュニケーションを指すのかは同法で定められていない。フィルタリング対象となる「青少年有害情報」の定義はないが、次のように例示された。

一　犯罪若しくは刑罰法令に触れる行為を直接的かつ明示的に請け負い、仲介し、若しくは誘引し、又は自殺を直接的かつ明示的に誘引する情報
二　人の性行為又は性器等のわいせつな描写その他の著しく性欲を興奮させ又は刺激する情報
三　殺人、処刑、虐待等の場面の陰惨な描写その他の著しく残虐な内容の情報

表現を直接的に規制するわけではなく、18歳未満が利用する時にはフィルタリングしようというものだ。ＳＮＳは出会い系メディアでないのが建前であり、ネット上の出会いへと発展することを嫌っている。ミニメールで連絡先を交換している利用者同士が、18歳以上であれば原

則としては問題ない。

†自主規制の流れもあった

モバイルコンテンツ審査・運用監視機構（EMA）が平成30年（2018年）5月31日に解散した（認定コンテンツの監視業務終了は2019年4月末）。モバイルインターネットのフィルタリングの公平性と透明性を確保するために平成20年（08年）に設立された第三者機関だった。青少年ネット規制法の議論が話題になっている頃だ。代表理事は堀部政男氏。情報法を専門とする一橋大学の名誉教授、中央大学法科大学院の元教授で、内閣府外局の個人情報保護委員会の初代委員長も歴任した第一人者だ。筆者はEMAが設立された当時、堀部氏にインタビューした（08年5月16日、オーマイニュース日本語版）。

堀部氏は、自らが座長をしていた総務省の「通信・放送の総合的な法体系に関する研究会」で、ネット上の違法情報や有害情報をどのように扱うのかを議論してきた。違法情報は法律違反のため現行法で対処できる。しかし有害情報は「公序良俗に反すると思われる情報」や「青少年に有害な情報」であり、明確な判断はできない。そのため、従来から第三者機関を設けるなどして対処すべきとしていた。インタビューで堀部氏はこう答えていた。「『通信の秘密』や『通信の自由』を保障すべきであり、コンテンツを国が規制すべきではない、としてきました。

事業者が対応するためのガイドラインや支援をすることが重要で、法的規制をしないように求めてきました」。

つまり、ＥＭＡは国家権力が介入するのではなく、自主規制団体として存在した。そして、現行法では、ＥＭＡによって「認定サイト」とされると、青少年が携帯電話等を利用する時にフィルタリングをしても閲覧が可能になる。そのためのＥＭＡなのだ。

平成17年（05年）６月、山口県立光高校の生徒が爆弾をつくって爆発させた事件があった。生徒は爆弾の作り方をネット検索で手にしていた。爆発させることは犯罪だが、爆弾の作り方の情報自体は違法ではない。情報そのものを法規制するのには無理があった。

この頃、自民党の内閣部会と青少年特別委員会は「青少年の健全な育成のためのインターネットの利用による青少年有害情報の閲覧の防止等に関する法律案」を審議していた。内閣部会ではコンテンツ規制には慎重だった一方、積極的な国家介入の案に中心的な役割を果たしたのは高市早苗氏だった。当時、取材にこう答えていた。

「ホワイトリスト方式ですと、必要な情報があるのに閲覧できるサイトが制限されるといった声があります。一方、ブラックリスト方式でくくってしまうと、本来、健全なサイトのはずなのに、はじかれてしまうといった声もあります。特にＳＮＳはそうです。ですから、総務大臣が指針を作って、開発事業者にお願いをするといった形です」（２００８年４月４日、オーマイ

ニュース日本語版）

自民党案は総務大臣が指針をつくるといった形のため、国家によるコンテンツ規制の是非が問われた。これは当時の自民党内部でももめにもめた点だ。野党の民主党案は、国家介入はなかった。結局の落としどころは、青少年有害情報は「例示」にすぎないとして、青少年のリテラシー向上を推進することにした。

しかし、青少年が犯罪被害にあう舞台は、出会い系サイトからSNSに移行しつつあった。そのため面識のない異性との出会いを前提としたSNS利用は禁止とされた。SNSの出会い系サイト化を防ぐために考えられたのがミニメール監視だった。仮に、異性との出会いを目的としたミニメールをした場合、「出会い系サイト規制法」では、インターネット異性紹介業（＝出会い系サイト）となり、事業の開始、廃止の場合は、届け出が必要になる。SNS側としては、出会い系サイトと認定されたくない。

大手SNSのミニメールは、24時間、自動検出と人力で監視されているが、実はツイッターのDMは監視されていない。ただし、削除してもサーバーに保存される。事件化されれば、警察が捜査する。

平成の最後の10年間のスマートフォンの発展、多様なサイトやアプリの誕生は、自主規制団体がコントロールできる限界を超えていった。結果としてEMAは解散した。携帯大手3社からリリースされた基本的なメッセージアプリ「+メッセージ」がフィルタリングの対象になっていないことが明らかになったことで、商業的な公平性と青少年保護の点から危機感を抱く結果となった。これにより、現在、中立的な第三者による監視組織は不在のままだ。

†コミュニティ規制

青少年ネット規制法の動きは、ミクシィでコミュニティ削除問題にも発展した（平成21年3月）。出会い系として利用される可能性のあるコミュニティを、ミクシィが大量削除したのだった。巻き込み事故的に、無関係なコミュニティまで削除されたため、ユーザーが反発した。規約上では「他人を自殺に誘引または勧誘する行為」は禁止行為だ。しかし、ミクシィ側は削除について個別には答えなかったため、明確な理由は公表されていない。

グリーでは、私も管理していたコミュニティが強制削除された。コミュニティの目的が、生きづらい感情を吐き出すことだったため、ユーザーは「死にたい」「消えたい」と感情を書き込むことがよくあった。しかし、たとえ自殺や自傷をキーワードにしたコミュニティであっても、自殺や自傷を促すものばかりではない。

総務省でミニメール監視問題が議論されるまで、グリーは「通信の秘密」を考え、ミニメールやコミュニティを削除するようなことがほとんどなかった印象だ。しかし、ミニメール問題が注目されるようになると、監視を厳しくした。平成18年（2006年）11月から、24時間365日体制でコンテンツ・パトロールが実施されるようになった。平成20年（08年）2月には、本社ビル内にGREEパトロールセンターを開設。実務担当者との情報共有を目的とした社長直属の「あんしん・あんぜん向上委員会」を設置した。その結果、表現の一部が「暴力的、および他のご利用者様に不快感を与えかねない内容」「自殺行為につながると捉えられる表現、および死を感じさせる表現」にあたるとして、書き込みの削除要請が届いたが、コミュニティの性格上、何かひとつの表現を削除しても無理だった。そのため、コミュニティ自体が削除されてしまったのだった。

私は90年代後半から、電子掲示板やメール、チャットを通じて「生きづらさ」を感じる若者たちの相談にのっていた。「消えたい」「死にたい」といった表現をし、相談や話し合い、情報交換をすることが生きる希望につながってきたケースを見てきた。小学生から主婦までがそうしたコミュニケーションをしていた。ただ、電子掲示板は、多くの人がアクセス可能で、時として誹謗中傷もある。「死にたい」と言っているユーザーに対し、「死ねばいい」とのレスポンスがある。こうした反応はSNSであれば少ないのではないか。多くの人たちに、生きる希望を見つけてほしいと思っていた。しかし、コミュニティの書き込みは杓子定規に利用規約を適用された。規制の背景は「青少年健全育成のため」というムードである。ツイッターでこの体験をつぶやいたところ、強制削除は私だけでなく、いろいろな相談活動をしている専門職のユーザーも同じだった。

†厳格な年齢確認とミニメール規制

平成21年（09年）6月、グリー、モバゲータウン、ミクシィは、青少年の健全育成、犯罪・トラブル防止のために、実効性のあるサイトパトロールを検討することになった。また、年齢に応じて、サイトの利用機能に制限を加えたり、啓発を行っていくことになった。

3社とも規制内容は若干異なる。グリーでは、18歳未満のユーザーは、18歳以上のユーザーとのメール送受信を原則として禁止。18歳未満のユーザーは、18歳以上のユーザーによる検索結果から原則として排除。18歳未満のユーザーは、非公開コミュニティの作成・参加・閲覧・書き込みを禁止するようになった。その後も、監視強化やメール送受信の年齢区分の細分化を行っている。

ミクシィは入会規定で年齢を「18歳以上」から「15歳以上」に緩和したものの、いわゆる青少年健全育成の規定を設けた。17歳までのユーザーは、「友人」以外の18歳以上のユーザーとはメッセージの送受信ができず、検索対象からも除外された。日記の公開範囲の「標準」は「友人までの公開」となり、ニュース関連日記は閲覧ができない仕様とした。携帯電話のフィルタリングサービスを利用している場合は、さらなる規制が設けられた。

モバゲータウンを運営するDeNAでも、年齢認証によって、18歳以上の登録をしている場合は、ミニメールや友達検索の利用を制限。ミニメール監視とあわせて、年齢確認の確実性を高めた。ミニメールのルール違反をした場合は機能が制限される。また、東京と新潟にカスタマーサポートセンターを開設し、サークルのチェック、サイトパトロールを強化した。ルール違反のキーワードをチェック。18歳未満は年齢が3歳以上離れているユーザーとはミニメールができないようにした。

しかし、こうした規制は、SNSを使いにくくしていく。それまでユーザーのメインはこの3つのSNSを使っていたが、東日本大震災を契機に、ツイッターやフェイスブックへと移行したことが、それを物語っている。

†規制を加速させた殺人事件

平成19年（07年）11月15日午後8時20分頃に119番通報があった八戸市内のホテル火災で見つかった遺体が、頸部圧迫による殺人事件だったことに関連して、青森県八戸署は岩手県軽米町の無職の30歳を同月29日、殺人容疑で逮捕した。被害者は下北郡の県立高校に通う16歳の女子高生。男が火災発生前の午後7時頃、客室内で被害者の首を両手で絞めて窒息死させた容疑だった。2人は、携帯電話専用のSNS「モバゲータウン」で知り合っていた。

被害者は高校1年生でバスケットボール部のマネージャーだが、11月から学校を休みがちだった。理由のひとつに、彼氏と別れたことがある。モバゲータウンでは、学校や家庭の悩みのほか、自殺をほのめかす日記を書いていた。事件前日に「別の高校の友達のところに出かけてくる」と父親に伝えた後、行方不明になっていた。

2人はモバゲータウンのミニメールによって連絡先を交換したと推定され、事件前に数回会っていた。モバゲータウンでは、利用原則として、サイト外での出会いは禁止だが、原則を守っていないユーザーは多くいた。

起訴状によれば、被害者は失恋から厭世観を抱いており交際を求めたが、男は心中しようと持ちかけた。男も、「自殺願望を持っていたが、ひとりでは自殺ができなかった」と供述した。「ホテルの部屋に入れば、一緒に死んでくれるか確認できると思った。私が『死んでもいいの』と聞いたら、『私も本気だよ』と答えた」という。翌年7月、青森地裁は「被告が自殺を成就させたいという身勝手な犯行」として、懲役11年（求刑12年）を言い渡した。「本来なら被告が被害者の死への願望を翻意させるべきであった。あなたは死にたいと口にしているが、冥福を祈りながらひたむきに生きていかなければならない」。

「モバゲータウン」では、事件後の12月、ミニメールで個人情報を発信しないよう注意喚起した。そして、18歳未満のミニメールを大幅に制限して、ミニメールを監視することにした。さらに、ベイジアンフィルタリングによる規制も実施した。過去に違反となった書き込み内容を恒常的に学習することで、違反確率の高い書き込みを自動で抽出するシステムだ。事件の前後、規定違反と認定されるユーザーが多くなった印象があり、ネット上の知人の中でもアカウントを制限され、削除されることも聞くようになった。

しかし、事件後も「モバゲータウン」のユーザーは増え続ける。平成20年（08年）4月には会員数は1000万人を突破、2年後の10月には、「Yahoo!モバゲー」を正式にオープン。平成22年12月にはスマホ版のアプリも展開した。

総務省の「利用者視点を踏まえたICTサービスに係る諸問題に関する研究会」は平成23年（11年）10月28日、「青少年が安全に安心してインターネットを利用できる環境の整備に関する提言――スマートフォン時代の青少年保護を目指して」を取りまとめた。ミニメールの内容確認にあたっては「利用者の個別かつ明確な同意が必要であるところ、運営者は、同意を取得するにあたり、少なくとも通信の秘密の知得／漏えい／窃用の有無、目的、方法、範囲、行う事業者の名称等を、容易に認識できる形で説明することが必要と考えられる。また、同意は、ミニメール送信毎に取得することが必要と考えられる」としていた。このことで監視を意識づけした。

全年代でブログやウェブサイト利用より、SNSのほうが利用時間は長くなっている。総務省の「情報通信メディアの利用時間と情報行動に関する調査」（平成29年、13〜69歳の男女1500人）では、「ブログやウェブサイトを見る・書く」が1日21・3分に対して、「ソーシャルメディアを見る・書く」が27・0分だった。

年代別に見ると、30代以上はブログやウェブサイトへのアクセスのほうが長く、20代以下ではSNSのほうが長い。性別で見ても、男性は同様の傾向だったが、女性は40代以下でSNSが長い。またアクセス時間は女性10代が65・6分と、30代の29・4分の2倍を超えている。それだけ、10代の女性にとってSNSでのコミュニケーションの重要性が高まっていると言えよう。

若い世代ほどブログよりSNSという傾向だが、さらに「動画投稿・共有サービス」をSNSとカウントすれば、SNSの時間に1日100分以上も使っていることが明らかになった。

†リベンジポルノ事件

若年層とインターネットの問題では、ポルノ画像の流出が社会問題になっている。ウィルス感染や操作ミスなどによって、パソコン内に保存した自分たちのポルノ画像が不特定多数の目に触れてしまう事態だったが、画像流出は過失だけが原因ではない。元恋人とのわいせつ画像をリベンジ（復讐）の意図を持って流す「リベンジポルノ」問題である。

平成25年（13年）10月の三鷹市の女子高生ストーカー殺人事件で、逮捕前に加害者がリベンジポルノを動画サイトに投稿したことから大きな騒動になった。

関西在住だった21歳の池永チャールストーマスは平成23年（11年）10月、フェイスブックを通じて、三鷹市の女子高生と知り合い、交際をスタートさせた。池永はフィリピン人と日本人の間に生まれたが、大学生で南米人とのハーフだと偽っていた。

1年ほど交際をしていたが、平成24年（12年）秋頃、被害者が留学するため別れる。およそ半年後の春に帰国した被害者に復縁を迫ったが、彼女が連絡を絶ったことで、池永は殺害計画を思いつく。「ほかの異性と交際していると思い、身を焦がれる思いで、未来を悲観した。その苦痛から逃れるため、彼女の殺害を意識した」という。

起訴状などによると、池永は事件当日の午前に被害者宅に侵入して、クローゼット内に隠れた。午後5時頃、帰宅した被害者を自宅敷地内から路上まで追い回して、ナイフで刺殺した。凶器は事件の10日前に都内で買った。殺害計画は3ヶ月前から練られていた。手帳には「15〜20秒」と書かれ、友人を被害者に見立てて予行演習も行っていた。

弁護側は冒頭陳述で、池永が幼少の頃、母親の交際相手から腹を殴られたりライターで熱した金属を肌に押し付けられたりしていたこと、母親が何日も帰宅せず保護施設を転々としていたことを指摘して、生い立ちと犯行の関係性を知る必要があると主張した。

池永は、被害者に抱いた恋愛感情について「絶望の中の光だった」と証言している。絶望の中での光を失った池永は、被害者とつながったネットを今度は復讐に利用したのだ。女子高生を侮辱することである。犯行後、池永は、母親に遺体写真を見せている。

ポルノ映像がネット上に流出したら拡散は止められない。被告人質問で、池永は「半永久的に画像を残すことができ、話題になると思った。彼女と交際したことを大衆にひけらかしたかった」と答えたが、そんな自分も許せないのか自らも死ぬつもりだったと証言した。

東京地裁立川支部は懲役22年の有罪判決を下したが、控訴審で東京高裁は「起訴されていない名誉毀損罪を実質的に処罰している」として、地裁に差し戻した。その一方で、被害者の両親は児童買春・児童ポルノ処罰法違反（公然陳列）で告訴。東京地検立川支部は追起訴した。差戻し審では「被害者方に少なくとも6時間にわたって潜伏し、非常に強固な犯意に基づく計画性の高い犯行」として、一審と同様に懲役22年の判決だった。差戻し審の被告人質問で、池永は画像をネットに流出させた理由について、自分の存在証明だったと証言した（2016年4月5日付、朝日新聞）。

弁護人　画像拡散の理由は。

被告　自分の存在証明のためと、自分の殺意を堅固たるものにするためでした。(彼女を殺害したら)もともと死ぬつもりでしたから。自分がこれまで何を得てきたのか。その価値を世に残したかった。
弁護人　なぜ画像の拡散につながるのか。
被告　画像拡散がなければ、マスコミからただのストーカー殺人として片付けられてしまう。「熱狂的なファンによって殺された」と第三者から反駁《はんばく》されてしまう。交際していたという価値を残したかったのです。

この事件をきっかけに、日本でも「リベンジポルノ」という言葉が知られるようになり、社会問題化した。「私事性的画像記録の提供等による被害の防止に関する法律(リベンジポルノ防止法)」もできた。しかし、リベンジポルノの所持や流出を止めることはできない。そういうネットの特性を、池永は卑劣にも利用しようとしたのだった。しかし、裁判官に「この事件は一体なんだったのか」と聞かれて、こうも答えていた。「誰の利益にもならない」と。

第四章

ネットいじめと生徒指導

†把握されにくいネットいじめ

スマートフォンやパソコンの普及によって、インターネット利用が低年齢化した。クラスメイトとの関係で、ネットを利用したコミュニケーションは当たり前になっている。いじめの道具として利用されるのも当然である。

文部科学省は昭和61年（1986年）以来、いじめの発生件数を「児童生徒の問題行動・不登校等生徒指導上の諸課題に関する調査結果」で公表している（当時はまだ文部省）。平成29年（2017年）度の、小・中・高等学校および特別支援学校におけるいじめの認知件数は41万4378件、児童生徒1000人あたりの認知件数は30・9件だ。このうち「パソコンや携帯電話等を使ったいじめ」は、1万2632件だった。いじめの認知件数に占める割合は3・0％。3％というのはずいぶん少ない印象だが、それだけ可視化されにくいということ、実際にはもっとたくさん起こっているだろうということだ。

平成29年度調査がさすいじめは、その4年前から施行された「いじめ防止対策推進法（いじめ防対法）」によるもので、その定義では以下のように定められている。

「いじめ」とは、「児童等に対して、当該児童等が在籍する学校に在籍している等当該児童等と一定の人的関係にある他の児童等が行う心理的又は物理的な影響を与える行為（インターネットを通じて行われるものを含む。）であって、当該行為の対象となった児童等が心身の苦痛を感じているもの」とする。なお、起こった場所は学校の内外を問わない。

旧来の「いじめ」イメージは、辞書的な定義によれば弱い立場の人にひどい言葉や肉体的な暴力を加える、無視したり仲間はずれにするなどして、精神的・身体的な苦痛を与えることであり、実感としてもこちらに近いだろう。しかし、近年のいじめはそんな単純なものではない。また、教職員の生徒指導（生活指導）も問題になっている。自殺の原因にネットいじめが関連すると、社会的な注目が集まる。テレビやネットでは、加害者被害者どちらの児童生徒の「背景」も考慮しないで、メールや掲示板等での表面的なやりとりだけを問題にしやすいので学校側も過剰反応しがちである。

†滋賀県大津市の中学生いじめ自殺事件

いじめ防対法制定のきっかけとなった自殺がある。平成23年（11年）10月11日、滋賀県大津市で中学2年生の男子生徒が、自宅マンションの14階から飛び降りた事件である。遺書はなかった。教育委員会が設置した調査委員会がいじめと認定したのは、その年の9月上旬から10月7日までに、加害生徒2人が行った19件の行為だった。

①9月初旬からヘッドロックを掛けられはじめ、同月中旬から教室、トイレ内、廊下で頻繁に暴行を受ける。②体育大会では、拘束ゲームとして、口、顔、手足にガムテープを巻き付けられたり、じゃんけんゲームの罰としてすねにガムテープを貼られ剝がされる。体を押さえつけられた上で蜂を無理やり口にいれられそうになる。③教室で顔に落書きされる（猫のひげのようなもの）。④教室で制汗スプレーをかけられる。⑤教室で消しゴムのカスを頭にかけられ、紙を口に入れられる。⑥筆箱に入っていたペンのインクを取り上げられ、それを折られ、机や衣類にインクをつけられる。筆箱の中をインクまみれにされる。⑦チョークの粉をカバンに入れられる。⑧何度もズボンを脱がされる。⑨昼食のパンを勝手に食べられる。⑩調理実習のま

とめと反省の用紙や文化祭プログラムに、加害をしたとされる生徒の1人の銘のある印鑑を押捺される。⑪教科書、成績表を破られる。⑫女生徒の前で「コク（告）ラ」される。⑬自殺の練習。⑭万引きした、と言わされる。⑮勉強部屋を荒らされ財布を隠される。⑯移動教室の時に荷物を持たされる。⑰9月中旬頃から頻繁にメガネを取られ回される。⑱定規を割られる。⑲「おまえきもいんじゃ」「死ね、○○（男子生徒の父親の名前）死ね」「死ね。おまえの家族全員死ね」などの言葉を浴びせかけられる。

当事者たちは、もともと仲良しグループだった。報告書によると、被害生徒は、いじめ被害を誰にも相談できず、クラスの生徒や担任に相談しても、いじめが止むことはないという絶望感、無力感に陥った。その結果、彼は自殺への思いを抱くようになり、いじめの現場となるクラスに行くことに苦痛を感じ、連休明けに学校へ登校する直前、自殺を決行したと考えられる、と考察している。

教員から見れば「ふざけている」と見えるようなものでも、「やりすぎ」であったことはなかったのか。精神的苦痛を感じているとわかる場面はなかったのか。実は、学校側もいじめの片鱗に気がついていた。自殺した生徒が殴られる場面を見た担任は「やめろ」と言ったが、それ以上介入することはなかったようだ。中学生ならよくあるレベルの、いっときだけの喧嘩だと誤認してしまったとしても、保護者と情報共有をはかるなどをしなかったことが悔やまれる。

だが、教師ばかりを一方的に責められない実状もある。それは、文科省が定める「いじめの定義」さえたびたび変更されていることとも無関係ではない。

†いじめ定義の変遷

いじめが社会問題化するたび、その定義は変更されてきた。定義が変わると学校でのいじめ認知件数が増える傾向があり、統計調査としては客観的な判断が難しい。そのため過去の統計調査との単純比較はできない。

調査と公表がはじまった昭和61年(1986年)度の「いじめ定義」は、①自分より弱い者に対して一方的に、②身体的・心理的な攻撃を継続的に加え、③相手が深刻な苦痛を感じているものであって、④学校としてその事実(関係児童生徒、いじめの内容等)を確認しているもの。なお、⑤起こった場所は学校の内外を問わないとしていた。

昭和の終わり頃に、いじめは社会問題となっていた。もちろんそれまでも、いじめによる死やいじめに起因した自殺は起きていたが、国もやっと本腰を入れたということだろう。その年2月1日、東京・中野区立中学校2年の男子生徒が、父親の実家に近い岩手県盛岡市のJR盛岡駅ビルにあるショッピングセンターのトイレ内で首吊り自殺をした。「家の人へ、そして友達へ」と書かれた遺書が残されていた。

「突然、姿を消してすみません。くわしいことはAとB（遺書では実名）にきけばわかると思う。俺だってまだ死にたくない。だけど、このままじゃ、〝生きジゴク〟になっちゃうよ。ただ、俺が死んだからって、他のヤツが犠牲になったんじゃいみないから。だから、もう君達もバカなことをするのはやめてくれ。最後のお願いだ」

男子中学生は、10人ぐらいのグループ内でパシリだった。約束の時間に遅れたり、お釣りが足りないといっては殴られていた。教師は頼りにならないどころかいじめに加担しており、その授業の様子から、当時「葬式ごっこ事件」と呼ばれた。

平成6年（94年）のいじめ定義の変更で特筆すべきは「個々の行為がいじめに当たるか否かの判断を表面的・形式的に行うことなく、いじめられた児童生徒の立場に立って行うこと」である。その年は、11月27日に愛知県西尾市のいじめ自殺があった。主犯格の生徒と被害者は小学校時代からの遊び仲間だった。小学校6年生の時、同級生3人が決闘したが、一番弱かったのが自殺した被害者で、それをきっかけにいじめがはじまる。

カバンを隠されたり、顔にあざをつけられたり、自転車の泥除けを壊されたりするいじめは中学生になっても続き、現金を要求されるようにもなった。2年生になると、被害者の成績が落ち始め、表情も暗くなった。教師からの評価も悪くなる。女子生徒の前で自慰行為をさせられるという性暴力もあった。いじめがエスカレートしていく中で生きる力を失ってしまう。遺書にはいじめ内容とともに、家族への感謝が書かれていた。

「僕は、もう、この世からいません。お金もへる心配もありません。一人分食費がへりました。お母さんは、朝、ゆっくりねれるようになります。C（弟の実名）も勉強にしゅうちゅうできます。いつもじゃまばかりしてすみませんでした。しんでおわびします」

†いじめを隠したがる学校

いじめ自殺事件などがあった学校や教育委員会の対応の悪さから、事件の解明が遅れることがある。教育委員会が隠蔽したり、教師の不適切な言動が問題となって、事態の深刻さが増した2つの事件に触れておこう。

平成17年（05年）9月9日、北海道滝川市の小学校教室で、6年生の女子児童が自殺をはかり、翌年1月6日死亡した。教卓には7通の遺書が置かれていた。「学校のみなさんへ」「6年生のみなさんへ」「おかあさんへ」「おじちゃんへ」の4通と、個別の児童に宛てた3通だった。

市教委が会見で「いじめがあったとは考えていない」と答えたことに対して、遺族は新聞社に遺書を公開した。しかし、市教委はマスコミに対して「遺書ではなく、手紙」と回答したことから批判が拡大し、けっきょく教育長が辞職、教育委員会幹部も更迭された。裁判となったが、平成22年（10年）3月26日、和解が成立した。裁判では、自殺する可能性を十分に予見できたと認定された。

平成18年（06年）10月11日、福岡県筑前町の町立中学校2年生の男子生徒が、自宅の納屋で首をつって自殺した。上着のポケットの中、納屋の床、学校の美術室に遺書が残されていた。「いじめられてもう生きていけない」などと書かれており、「生まれかわったらディープインパクトの子供で最強になりたいと思います」ともあった。

生徒からの聞き取りやアンケートから、いじめがあったという認識で学校側は調査。まわりから相手にされていなかったこと、トイレでズボンを下げられそうになったこと、あだ名でひやかされていたことなどが判明した。そのうえ彼は中学1年の時に、当時の担任からいじめを受けていた。調査によれば、友達が落とした消しゴムを被害者が拾うと、なぜか担任は「おまえは偽善者にもなれない偽善者だ」と言ったという。また、被害者の保護者から相談された家庭での行動（インターネットの閲覧）を、学級の複数の生徒に暴露し、それがきっかけで不名誉なあだ名がつけられた。

その担任は、成績を「いちご」の品種にたとえていた。「とよのか」（非常によい）「あまおう」（よい）「ジャム」（悪い）「出荷ができないいちご」（非常に悪い）とランクづけして、授業中、他の生徒に対して、身体的特徴を指摘し、「お前は太っているから豚だね」とからかってもいた。教師による生徒へのパワーハラスメントだ。

†ネットいじめの萌芽

いじめ防対法のきっかけになった大津市の事件、葬式ごっこ事件、愛知県西尾市の事件、北海道滝川市の事件、福岡県筑前町の事件は、いじめの定義を変えるほど社会にインパクトをもたらしたが、まだインターネットは児童、生徒に一般的ではない。とはいえ、福岡県筑前町の事件の報道によれば、加害少年たちは被害者の葬儀で、棺桶の中を携帯電話のカメラで撮影しようとしたという。現在の「パソコンや携帯電話等を使ったいじめ」にも該当しよう。中傷やいじめ、いたずら目的での携帯電話利用の片鱗が見える。

平成16年（04年）のいじめ定義で特筆すべきは、「個々の行為がいじめに当たるか否かの判断は、表面的・形式的に行うことなく、いじめられた児童生徒の立場に立って行うものとする」として「当該児童生徒が、一定の人間関係のある者から、心理的、物理的な攻撃を受けたことにより、精神的な苦痛を感じているもの」をいじめとしたことである。

平成20年（08年）5月29日の朝、家族からの通報で福岡県北九州市小倉北区の女子高校に通う1年生の自殺が明らかになった。家族に宛てた遺書にはお礼とともに、自分のブログに「死ね」などと同級生から書き込まれたことへのショックが告白されていた。調べによると、その同級生は5月26、27日の2回、携帯電話から、被害者のブログに「まぢウゼェ」「葬式出てやるけはよ死ね」などと書き込んでいたという。

被害者の父親は、同級生を侮辱と自殺教唆の容疑で県警に告訴、加害少女は「自殺するとは思わなかった。申しわけない」と供述した。被害者は遺書の中で彼女を名指しして「いじめられていました」「逮捕するべき」と綴っていた。同年10月、県警は告訴理由の証明は困難という意見をそえて、同級生を侮辱罪の容疑で福岡地検小倉支部に書類送検した。

この書き込みトラブルは、平成16年の佐世保小6女児同級生殺害事件に似ている。もともと日常のリアルな人間関係が、インターネットに波及した形だ。ネットいじめは、日常のコミュニケーションの延長として捉える必要がある。そうでないと、学校の指導は通り一遍のネチケット（ネット上のマナー）のマニュアル教育で終わってしまう。

†ネットいじめの理由

平成17年（05年）10月頃、北海道札幌市の道立高校で1年生の男子生徒が、学校近くのバス停で、女子生徒を含む同級生十数人からいじめを受けた。その様子を加害者のひとりが携帯電話で撮影。その動画が翌年3月に、ネット上に流出した。この頃はまだ、動画の流出が深刻なことだという認識が薄かったのだろう。学校は動画の存在を知ってはいたが、いじめ自体は収まっていると判断し静観していた。

しかし、動画の流出は、加害者たちだけでなく被害者のプライバシーも侵害し、かつ「現実のいじめがネットにも波及する」ことになりかねない。場合によっては、いじめの苦痛を学校外でも感じ続けることになる。学校の削除依頼が遅れたということは、被害生徒にとっては、いつ、身バレをするかわからない恐怖心もあったのではないか。

実際、巨大匿名掲示板「2ちゃんねる」で「これいじめじゃないか?」などと指摘されると、11月には、学校に抗議の電話をしようという呼びかけがなされた。

兵庫県教育委員会の「インターネット社会におけるいじめ問題研究会」によるアンケート調査(2008年3月)によると、悪口や嫌がらせをしたことがあるかとの質問に対して、小学生から高校生あわせて3%が「ある」と答えた。逆に、それらを受けたことがあるかどうかは、5%が「ある」という答えだった。

ネット上で悪口や、いやがらせをした経験者のうち最も多い理由が「自分がされた仕返し」で、小学生、中学生、高校生ともに共通していた(総数で46%)。小学生では「むしゃくしゃしていたから」(27%)が続く。中学生と高校生は「軽いいたずらのつもり」(中学生41%、高校生30%)となっていた。

ネット上での悪口や嫌がらせの理由で「自分がされた仕返し」がどの年代でも多いということは、見方を変えれば、一度始まるとそれが繰り返されることを意味する。

悪意の連鎖

平成25年（13年）3月、奈良県橿原市の中学1年生の女子生徒が、自宅から徒歩数分の距離にあるマンションの7階から飛び降り死亡した。飛び降りたマンションの通路には、携帯電話が置かれ、未送信メールが残されていた。

〈みんな呪ってやる〉

自殺の10日前、ラインのやりとりを巡って友人間でトラブルがあった。相手は別のクラスの子で、学校も指導していた。遺族は学校に、いじめアンケートを求めたが、学校側は拒否。のちに行われた学校のアンケートで、被害者がいじめを受けていたことがわかった。仲良しグループのラインでの悪口や仲間はずれが浮き彫りになった。急速に普及したコミュニケーションツールであるラインの、便利だが危険な二面性が問題になりつつあった。

市教委は当初、いじめと自殺の因果関係は弱いと判断したが、中立的な立場を取らなかったことから、遺族と対立した。市教委の顧問弁護士が、最初の調査委員会のメンバーに入っていたこともそれを助長した。新しい調査委が設置されたが、初動の遅れは否めなかった。

けっきょくラインによるいじめが認定される。そのタイムラインには、こんなやりとりが残っていた。〈ほんま、うざい。消えてよね〉〈KYでうざい。さよなら〉。

亡くなった生徒は生前「あのタイムラインは誰のこと?」と聞いている。すると、「あなたのこと」と返された。亡くなる20日ほど前の加害者によるタイムライン。〈ぁー学校めんど。笑〉〈あいつらとおんなし空間におるだけで吐き気がするぁ……〉。

数多くいじめのエピソードがあったが、当初、市教委側は自殺の原因には家庭内の問題もあると主張しており、報告書では「複数の要因」とした。しかし調査委員会は、友人から仲間はずれにされるなどの「心理的ないじめ」やラインでの中傷などが自殺の要因であるとする報告書をまとめた(平成27年4月23日)。

クラスでも、部活でもいじめがあり、ラインでもいじめがあれば、一日中ずっといじめられている感覚に襲われても不思議ではない。遺族は奈良県橿原市や、いじめ加害者の元同級生を相手取り、損害賠償訴訟を起こした。

†ネットいじめの起源を探る

奈良県は平成18年(06年)に「奈良県少年補導に関する条例」を制定している。この頃、奈良県内でネット上の書き込みによるいじめがニュースになっていた。その年の11月に、同じ橿原市で、中学1年生の男子生徒が、携帯電話の電子メールで「うっとうしい」「嫌われ者」「最低」などと中傷され、学校に通えなくなっていた。こうした状況を踏まえて、条例に「不良行為」が規定された。その「18歳未満の少年の行為」の中には、こんな文言がある。

「他人を中傷するような情報を、インターネットを利用して他人が閲覧することが可能な状態に置き、又は電子メールを利用して他人に送信する行為」

名誉毀損や侮辱する行為は刑法に規定されている。そのため、条例があってもなくても、補導の対象になり得る。だが屋上屋を重ねてわざわざ規定したのは、ネットいじめが社会問題化したためだ。文科省もこの年から「パソコンや携帯電話等を使ったいじめ」の調査を開始した。しかし、こうした条例があってもいじめ自殺はなくならない。条例は、本質的な対策にならないことが明白となった。

報道レベルでは、平成19年（07年）頃、「ネットいじめ」という言葉が教育現場の問題として登場した。その背景には、携帯電話の利用率の上昇があったと言える。

内閣府の「第5回情報化社会と青少年に関する意識調査」（07年12月公表、10〜17歳が2000人、18〜29歳が3000人、合計5000人。回答率はそれぞれ49・4％、50・6％）によると、男性の携帯電話・PHS所有率が、小学生で22・1％と、ほぼ4人に1人が所有。中学生では51・9％で、半数以上が所有している。高校生になると、95・4％で、高専・短大・専修生と大学生は100％の所有率だ。

ネット利用によるトラブルでは、「中傷や嫌がらせのメールが送られてきた」4・3％、「電子掲示板に中傷や嫌がらせの書き込みをされた」3・3％、「うその情報やきつい冗談などでからかわれた」2・6％。多くの人が利用すれば、ネットいじめも必然的に出てくる。

†学校裏サイト

週刊誌『AERA』に「暴走する携帯、学校裏サイト　親も教師も知らぬ間に」のタイトルで「ネットいじめ」が特集されたのは平成19年（07年）3月。その場所として「学校裏サイト」が注目され始める。ネットは、従来の教室内のいじめよりも証拠が残りやすいにもかかわらず、それを知らない子どもたちは、軽い気持ちでいじめに加担する。

ユーザーが自由にサイトの作成ができるようになった時代だ。記事には、学校裏サイトの定義として「学校の公式サイトとは別に、在校生らが勝手に立ち上げた、いわば『2ちゃんねる』の学校版。情報交換をしたい話題のスレッドを立てて、ハンドルネームで自由に書き込める」「サイトのURLを携帯で転送し合って共有しているから、親が検索しても簡単には見つからない」と書かれている。

学校の情報交換をするサイトは以前からあった。代表的なものは「ミルクカフェ」だ。現在は「中高生・大学受験の掲示板」と謳っている。平成12年（2000年）に、当時の浪人生が立ち上げた匿名掲示板だ。最近では「爆サイト」（爆サイ）というローカルコミュニティ掲示板もある。学校内のいじめに関する情報に関しては、誹謗中傷を含め、爆サイの名前を聞くことが多い。

「学校裏サイト」の名付け親とされる下田博次氏（群馬大学社会情報学部教授、現在は名誉教授）に、拙著『学校裏サイト』でインタビューした。表の情報を発信する学校の公式サイトに対して、そこは実在の学校名がついた遊び場サイトで、裏の情報を発信していたために裏サイトと呼んだ、という。携帯電話会社は、公式以外のサイトを「勝手サイト」と読んでいた。その意味では、学校裏サイトは、学校勝手サイトといってもいい。

裏サイトが話題になると、学校の教職員たちはそのサイトをモニタリングしたり調査するようになったが、当初は、わいせつ画像やメッセージのチェックが目的だった。

学校裏サイトは、学校名で検索すればヒットするものから学校名では検索できないものや、よく読まないとわからない掲示板もある。パスワードを入力しないとアクセスできないものも登場していて、教職員らによる監視は難しくなった。

†プロフの利用

この頃、利用者が増えていたのがプロフである。自己紹介用のプロフィールサイトだ。トップ画面にはアバターがあり、写真を載せることもできた。プリクラ画像を載せたり、一問一答に答えるだけで、自己紹介が完成する。楽天が運営した「前略プロフィール」が有名だった。短い文章を書き込むリアルタイムブログ（リアル）があり、ツイッターと似た使い心地だった。リンクを貼れば、自身が作成したHPや掲示板に誘導することができた。

モバイルマーケティングデータ研究所（MMD研究所）の調査（平成19年10月）によると、プロフィールサイトを「知っている」回答者は55・8％で、半数以上が知っていた。また「利用している」は38・5％で、ほぼ4割だ。男性では10代の37・1％が利用。20代前半で25・7％、30代前半で32・5％が利用した。女性では、10代が47・2％とほぼ半数が利用していた。20代前半は37・3％、20代後半は30・4％が、プロフのユーザーだった。

プロフの利用目的は、男女ともトップが「暇つぶし」だが、男性は「友達を増やしたい」「情報交換」が上位にくる。女性は「自分を知ってほしい」「ブログやHPのアクセス数アップ」が続く。男性は人脈を広げるため、女性は自分に関心を持ってほしいためという傾向だ。プロフはユーザーの名刺代わりの役割を果たした。出会いのためのファーストステップの手間が省略できるプロフは、現実の人間関係を形成するために使われるようになった。

しかし当然のことながら、自分を魅力的にみせたいという欲求は拭えない。仕事や趣味のネットワークづくりであっても、自己演出して、なりたい自分となった「オンラインの人格」が生まれる素地になる。年齢や職業、性別を変えることも稀ではない。オンラインの人格は、自己愛を刺激するのだ。

一方、プロフは援助交際に利用されやすいことから警察がマークしていたし、プロフの書き込みをめぐって千葉県内の少年による事件（金属バットによる殴打、殺人未遂）が起こるなどしたため、前略プロフィールを運営していた楽天は平成24年（12年）1月、ザッパラスに売却した。そのザッパラスも平成28年（16年）9月30日をもって、サービスを終了させた。

†ネットいじめ、トラブルへの対応は後手後手

ネットトラブルに対する対策は、各教育委員会などでも取り組んでいるが、効果的な対策がなかなか見られない。ネット上に書かれている内容を誤解なく読み解く、または、誤解されないように書き込むなど、「ネット・リテラシー」の力を高めることは、最低限行わなければならないが、十分な時間を学校でも家庭でも取りにくい。

ネット・ケータイ世代の教員が増えてはいるので、子どもたちのデジタル・コミュニケーションを理解できるようにはなってきた。しかし、ツールやアプリも変わる。変化に柔軟に対応しなければならない。使い方を教育しても、ネットでは相手に不快な感情を与えることを知りながら、いじめ意識が希薄なまま。わざと精神的に攻撃していることがある。ベースとなる人間性や人権感覚を教育しなければならない。自分たちも大切にされている、自信をもって生き

ることができる、自分を肯定できる、という感覚を子どもたちが十分に持つ必要がある。

平成22年（2010年）、文科省は生徒指導に関する学校・教職員向けの基本書として「生徒指導提要」を取りまとめた。生徒指導が問題行動の対応にとどまっているという懸念から「警察や児童相談所などの関係機関との連携・協力のネットワークを強化したり、地域や青少年健全育成団体、家庭の協力を行う必要がある」ということで、組織的・体系的に生徒指導の取り組みを進めるのが目的だという。

たとえば同書では、いじめ問題の構造を理解することを求めている。いじめる側といじめられる側という二者関係だけでなく、囃し立てる観衆、暗黙の了解を与えている傍観者がいて成り立つことが指摘されている。そこで、傍観者の中から、いじめを抑止する仲裁者が現れる学校経営、脱傍観者教育が必要となる。また、「インターネット・携帯電話にかかわる課題」にも言及し、教員の知識向上や、違法・有害情報対策、迷惑メールやサイバー攻撃に関する注意点にも触れている。しかし、ネットのコミュニケーションの特性に派生するトラブルや、それを利用したいじめは、こういった対応でもまだ解決が難しい。

†ネットトラブル指導の不十分さ

平成24年（12年）の夏休み中の7月31日、新潟県立高校3年生の男子生徒が電気コードを巻きつけて首を吊った。学校側が県教委に提出した学校事故報告書には自殺理由が、生徒指導で叱責されたことによる「自責の念」とされていた。遺族と県教委との話し合いの末、県教委の中に調査委員会が設立された。調査委は遺族側と十分に話し合い、設置要綱をつくった。4年後の7月にまとめられた調査報告書では、行き過ぎた生徒指導が自殺の原因と結論づけた。

父親は「調査委設置の前の調査はひどかった。事件をなかったものにしたい、という感じでした。すべては満足ではないですが、報告書の内容は受け入れています」と語る。調査報告書によると、原因は部活内のトラブルだった。ラグビー部員だった複数の生徒がマネージャーの仕事ぶりに不満を持ち、メールをしたり、SNSのミクシィに書き込んだ。結果、マネージャーが退部。顧問は彼を含む3人の部員を呼び出し、SNSへの書き込みなどについて叱責。反省文を書かせたものの、生徒の言い分を聞いていない印象をもっていた。さらに顧問は彼のみを指導した。最後の指導は1対1。目撃証言はないが、SNSの書き込み削除を事実上強要された。目指していた教職について「ふさわしくない」と示唆した。検死では暴力的な指導がなかったことはわかった。なぜ、指導対象が彼ひとりだけだったのか。

亡くなる前に彼は「また、呼ばれたわ」「もうやだわ」「自分が言っても先生はあっちの味方だから何も聞いてくれない」と友人に言っていたという。帰宅すると、すでに学校から「今日、指導をした」との電話が入っており、父親は、気分を害するだろうとすぐには事情を聞かなかった。しばらくして部屋に行くと鍵がかかっていた。「明日の朝に話す」。

翌日の未明、母親が様子を見に行って自殺に気づいた。遺書は6通あった。教師や部員、友人、恋人宛ての遺書があった。宛名のない手紙にはこうあった。「悪いのはいつもオレだ。誰が正しくて誰が間違っていても関係ない。オレが悪いと聞いたら、人の本当の気持ちとか考えなんて聞こうとしやしない」「悪は悪らしく、オレっていう一人の人間を殺す。〝殺人〟って大罪を侵してこの世から消えさせてもらう」「悪いのはお前だ」。遺書を読むと、ミクシィにマネージャー批判を書き込むまでの背景や人間関係を、教師が十分に聞けていなかったことが想像できる。彼の通夜には約400人が参列した。同級生ばかりではなく、同じ中学出身者も訪れ、周囲からとても信頼されていたことがうかがわれた。教師による指導のどこに問題があったのだろうか。

†居場所を奪うという意味

調査報告書には、「インターネット利用に関する検証」という項目がある。それによると、ラグビー部顧問による指導の直後、生徒は〈誰か練炭もってない?〉と自殺を示唆する。調査委は、「指導が本生徒の自殺のきっかけになった可能性が高い」と見た。

顧問が問題にしたミクシィ投稿では、誰に対する批判かわかる記述を避けながら、閲覧者を限定した上で〈イライラする上はけ口がありませんのです　いきなり叫んだり愚痴ったりするかもしれないぜ〉と投稿していた。この投稿について報告書は、彼が「あくまでも内輪の友人たちに批判あるいは愚痴を聞いてもらう場としてブログを使おうとしていたと考えられる」「このような配慮をした上で批判あるいは愚痴を書くことは許されると考えていた」と推測。トラブルの相手であるマネージャーまたはその保護者から削除依頼されたとしても慎重な判断をしなければならない。なぜならば閲覧者が限定されていたので、「緊急に削除する必要があるとまでは言えない」とされた。

調査報告書は「限られた友人たちだけが閲覧できるインターネット投稿は、青少年にとって貴重な居場所あるいは逃げ場として機能することが考えられる」「インターネットで思いを吐露することは、自らの精神の安定を保とうとすることであった可能性がある」「このような投稿が突然問題にされたことが、大きな衝撃となった」とし、SNSが子どもたちの居場所であることを認めたのである。

子どもたちの居場所は大人の場合とは違ったルールで成り立っている。閲覧者を制限した上で、愚痴や批判、一部に誹謗中傷の投稿があったとしてもSNSでは自然なことだ。報告書にあるように、配慮がなされたものだったのだ。もちろん、批判された人物が傷つくこともある。閲覧制限があったとしても、当事者に伝わることもあるからだ。だからといって、削除を強要された（居場所に土足で踏み込んだ）と思える指導は、できるだけ避けるべきだった。この点について報告書は「生徒がインターネット利用に関して自らの考えを適切に修正していけるように指導することが必要」だと述べた。

居場所を奪うということは、いわゆるスクールカースト上位の人気者であっても、指導方法によって悲惨な結果につながることがある。彼は「スクールカースト上位者として他のクラスにも知られた存在であり、かなり自分の意向が通る生き方をしてきた」。「外交的でコミュニケーションスキルが高く、友人関係も異性関係も豊富、学業や対人面であまり挫折を感じずに生きてこられた若者が、これまで経験したことがないような立場に追い込まれて自暴自棄になったと考えられる」。

しかし、県教委はこの報告書でさえ十分に受け止めず「複数の要因が記載されているので、教員の指導が自殺の主因ではない」との見解を出し、県知事も教育委員会の見方を追認した。遺族である父親は「事実を積み重ねて、専門家の知識を集めた結果が報告書だ。否定するなら調査委の存在意義はない」と語った。

†ネットトラブルの片方だけを〝指導〟

一方的な価値観で指導し、生徒が自殺に追いやられるケースは少なくない。平成25年（20

13年）3月、北海道立高校の1年生が地下鉄の電車にはねられて死亡した。吹奏楽部の顧問によるパワハラを苦にした自殺だとして、母親が北海道を訴えた。札幌地裁の判決では事後対応の一部に違法性は認めたものの、指導に違法性はないと退け、母親が控訴した。訴状によると、高校生はその2ヶ月前、他の部員との間でメールをめぐりトラブルになり、エスカレートして言い合いになったが、注意されたのは彼だけ。相手は指導されなかった。

裁判の尋問で明らかになった事実によれば、彼がどのようなメールを出していたのかを学校は正確に把握していなかった。他の部員たちがライングループで彼のメールについてやりとりしていたが、そこも指導対象になっていない。部活内には「恋愛禁止」「必要最小限以外のメールやSNS禁止」など100以上の独自ルールがあったが、トラブルになったメールやラインのやりとりを、学校側は事実確認していなかった。

学校側から当時の吹奏楽部の顧問、教頭、生徒指導部長と、原告である母親らが証言台に立った証人尋問をもとにトラブルを振り返る。その年の1月、3年生が引退して初めての演奏会が行われた。原告側によれば、吹奏楽部を休んでいた彼は「自分がいない演奏を聴いて、復帰するかどうか、自分の気持ちを確かめたい」と思っていたという。学校側によれば、演奏を聴いた彼は、同級生全員にこんなメールを送った。〈課題は残るが、まあまあだったな〉。しかし、実は学校はメールの内容を把握していない。

生徒指導部長「メールではなかったと思う」
原告側代理人「事実としてはメールではあったようだが、把握してない？」
生徒指導部長「メールを確認したことは覚えておりません」

原告はトラブルの原因になったメールを学校側に請求していたが、なかなか出さなかった。しかし、裁判の終盤になって提出されたものによれば、部員のひとりが彼の部活欠席を非難し、さらに〈邪魔だから消えるんだったらとっとと消えろ〉と送信したことからトラブルになる。彼は、このトラブル相手とは別の部員に、自分の個人情報が流出しているとして生徒の名前をあげて、〈明日殺す〉と、メールをしたことになっていた。

学校側から証拠提出されたものには、発信元や日時の表示はなかった。部員から提供を受けたものとされたが、原告側代理人は「メール自体ではなく、1年生のグループラインに貼り付けられたものを並べたものではないか」と指摘。この段階で、学校側は「確認します」とだけにとどめたにもかかわらず、判決ではその内容が事実認定された。

ラインに貼り付けたものであれば改変が可能だ。詳細な検討はされていないのに、なぜ判決は事実認定されたのか。個人のメールのやりとりをグループラインに貼り付ける行為は、なぜ指導対象にならなかったのか、指導の相当性についても十分には吟味されていない。このあたりのやりとりは曖昧だ。

亡くなった生徒の同級生部員が法廷で証言した。グループラインの中で、彼にどう返信するか話題になっていたという。「〈もう来るな〉〈死ね〉という暴言もかなり入っていた。周囲から〈さすがにやめたほうがいい〉という声が上がった。そのためラインの中で〈送らなかった〉と言っていた」。この高校生に話を聞いた。

「(彼は) 全員にメールを送ったんです。細かくは読んでいないのですが、今後も頑張っていこうとあったので、そう思った。俺は素直に、ありがとうと思ったんです。しかし、細かな表現で(トラブルになった相手が) イライラしていた。ライングループの中の3、4人が(トラブル相手に) 賛同した。感情的になっていたんだなと思います」

メールの表現は、どんな文章でもどのように読むのかで変わってくる。関係性でも文意が変わる。顧問と生徒指導部長は尋問で、トラブル相手と彼のやりとりを「売り言葉に買い言葉」と判断した、と証言した。しかし、「殺す」という文字があったことで、命を脅かし、不安にさせる内容として、彼だけが指導対象になった。背景にある関係性は考慮されていない。顧問は、学校が組織対応しなくてはいけないほどのトラブルになったことで「吹奏楽部の功績に泥を塗った」と、大声で彼を怒鳴った。

この後、別の問題で、再び彼が指導対象になった。1月のトラブル以降、メール禁止になったため、他の部員に大切な話を伝えるため、会う時間をつくった。その内容が意図しない内容に変わって顧問の耳に入った。約1ヶ月後の2回目の指導は、学校としての対応ではなく顧問の独断だった。上級生部員4人を立ち会わせ、事実確認もしないまま「何のことかわかってるな?」「俺なら黙っていない。お前の家に怒鳴り込み、名誉毀損で訴える」などと叱責した。そして、部活に残る条件として、部員との連絡を一切断つこととし、メールも禁じた。しゃべるな、とも言われた。

彼は短期間に2回も指導対象となり、最終的にはメールを含む一切の連絡を禁止された。吹奏楽部は学校生活で、授業以外ほぼ練習だった。部活動中心の中でコミュニケーション手段を断たれ、孤立し、排除された翌日、自殺した。亡くなる4分前に同級生へ宛てた最後のメールには、「正直に言ぅ　全く心当たりがない　先生が何のことを言っているのか　さっぱりわからない」と書いていた。

平成31年（19年）4月、札幌地裁は自殺後の全校生徒を対象のアンケート原本を破棄したことで事後対応の一部で違法性を認めた。しかし、顧問の行為について違法性はないとの判決を下した。メールの内容は検討がされず、指導の必要性やメール禁止の処分の妥当性は詳細には検討されなかった。

部の規則には「必要最小限以外のメールやSNS禁止」とある。彼が、私的なメールを送ったことは間違いないが、同様に、グループラインにそのメールを貼り付けた行為も部則に違反するのではないか。彼だけが指導されたことを後で知った部員は取材にこう話した。

「そんなことで怒られるとは思っていなかった。このことでラインのグループは消滅しました。その後のムードは地獄でした。2、3年生だってラインをしていたのに、顧問には『やっていません』と言っていたんです。なんで俺らだけ怒られるんだろう」

†ネットいじめ自殺の認定

平成28年(16年)11月21日、新潟県立工業高校1年の生徒が新潟市内のJR越後線の線路で電車にひかれて亡くなった。夏休み明けの9月頃、学校行事の工場見学のバスの中で、加害生徒のひとりから、不愉快なあだ名をつけられ、本人がわからないところであだ名を使われるようになっていた。10月になると、加害生徒を含むグループラインに、あだ名に関連した合成写真を投稿され、ウケ狙いから授業中でもあだ名で呼ばれるようになる。ネットいじめがリアルに浮き出した形になった。自殺した生徒の父親が憤ったように、「自分たちが笑いを取るためだけで、相手の気持ちを考えていない」行動である。

同じ頃、席替え時には椅子を蹴られた。彼は27日の放課後、担任に初めて相談する。3日後の明け方（午前5時頃）にも、いじめを訴える手紙を書いた。不愉快なあだ名をつけられたこと、他のクラスにも知れ渡っていること、いじめ抑止の標語の無力さなどを訴えた内容だった。「軽い指導だけでは解決するとは思えない」「罰などを与えて何とかしてほしい」とあった。手紙を担任に渡したのは11月1日朝（午前8時頃）。昼休みに生徒指導部の教諭から聞き取りされ、加害生徒へ指導が行われた。しかし、その後もあだ名で呼び続けられ、悪口はおさまらない。

父親は「いじめの精神的な負担は、期間の長さではない。感情はいっきに変わることがある」と語る。

11日に、彼は担任に3回目の相談をしたが、担任は一般的な指導をするだけだった。彼はこの日、ネットで自殺の方法を検索した。そして、21日早朝、彼は線路に行き、自ら電車にひかれた。机の上には遺書があった。「9月中旬から今に至るまでの平日は生き地獄のような毎日でした」。携帯のアラームは午前3時30分にセットされていた。父親は「遺書は当日の朝（家族が起き出す前）に書いたのだろう。列車にひかれるまで2時間ある。その時に遺書を書き、親友へのラインを打っていたようだ。私たちに知られないため、音がしないように、靴を履かないで外に出た」と推測した。

12月から県の「いじめ防止対策等に関する委員会」が調査を始めた。平成30年（18年）9月、報告書がまとめられた。不愉快なあだ名に関連した合成写真がラインに投稿されたこと、あだ名を言われる範囲がクラスの3分の1に広がり、他のクラスの生徒からも呼ばれるようになったことなどをいじめの事実と認定した。その上で、3回目の相談後には心理的視野狭窄に陥り、「明確な希死念慮を持っていたと推察される」と、いじめと自殺の因果関係を認めた。報告書公表の翌月、当時の校長が遺族宅を訪問、謝罪した。

†調査報告書の提言と学校側の対応

新潟県の事件でいじめ防止対策等に関する委員会がまとめた報告書には「SNS適正利用の取り組みの強化」という提言がある。

「小学校低学年から、SNSの使い方について教育の徹底を図ること」「教職員がSNSの進化に対応し、適正に対応するには、研修が必要である」「SNS利用に係る実態を把握し、関係機関との連携の下、適切に対処できるよう教職員対象の研修会を実施すること」「SNSでの誹謗中傷などで生徒が教職員に訴えてきた場合の対処方法のマニュアルを早急に策定すること」と、学校側の対策を促すとともに、「保護者も、SNSの危険性について理解し、それに対応することが必要である」として学校と保護者の連携が提唱された。

報告書は、さらに「ソーシャルメディア・ガイドライン」の策定を求めた。ガイドラインの作成には、学校側や保護者だけでなく、生徒の代表者と話し合い、生徒会に提案させるなど

「生徒の主体性、自主性を尊重した取り組みを実施すること」とされた。

ここで評価すべきは、学校側の研修の必要性や生徒との話し合いの必要性を指摘した点だ。当事者の生徒たち自身が最も現状を把握していることから有効な手段である。しかし、ガイドラインでどこまでルール化するのか、その適正判断を誰がするのか、どのよう監視していくのか、破ったらどうなるのか、なども決めなければ絵に描いた餅になる。

また、SNSのトラブルは書き込みが残っているため、内容だけに注目が集まってしまう。しかし、その書き込み内容に引きずられることなく、その背景を考えなければならない。たとえばすでに紹介した「生徒指導提要」は平成22年（10年）の作成だが、その頃から比べても、児童生徒によるネット・コミュニケーションは変化している。時代に合わせた見直しと改変の必要もあるだろう。

新潟県の報告書の提言の一番目には、「常設の組織体制について継続的に改善・検証を行うこと」の必要が述べられ、そのために学校内の組織だけでなく、「家庭や地域との連携、弁護士、精神科医、ソーシャルワーカー、臨床心理士等の外部リソースの活用についても考慮するべきである」と提案された。

これらの提言を受けて、新潟の工業高校は平成31年（19年）3月、いじめ防止基本方針や実践のための行動計画を改定した。行動計画では、ネットいじめへの対応として、

①携帯電話・スマートフォン等は、始業から終業まで使用及び所持を禁止する。
（現場見学、工場見学でのバス等の中でも使用を禁止する）

②工業科の科目（情報技術基礎）、家庭科やLHR（ロング・ホームルーム）等を活用し、生徒一人ひとりに対して、インターネットのもつ利便性と危険性をしっかり理解させながら、情報機器の適切な取り扱いについて指導する。特に、以下の点について重点的に指導する。

ア　掲示板やプロフ、ブログ等に個人情報をむやみに掲載しないこと
イ　SNSなどインターネットを介した他人への誹謗・中傷を絶対にしない
ウ　有害サイトにアクセスしないこと
エ　無断でSNS上に写真を掲載しないこと

を決めた。さらにいじめを早期解決するために、学校側の対応方法を定めた。

（1）ネットいじめを発見した（情報を得た）場合は、いじめ防止対策委員会で情報を共有するとともに、教育委員会と連携しながら当該いじめに関わる情報の削除等を求める。
（2）生徒の生命、身体または財産に重大な被害が生じる恐れがある時は、直ちに所轄警察署に通報し、適切な援助を求める。

✝ウソをついた校長

ネットいじめで個人を特定し、損害賠償を請求するという動きもある。匿名掲示板でプライバシーを侵害されたとして、埼玉県川口市の15歳、井上達雄（仮名）が発信者情報の開示を求めた裁判の判決が平成30年（18年）12月10日にあった。東京地裁（志賀勝裁判長）は、掲示板に書き込まれた名前等が「他人にみだりに知られたくない」個人情報であり、プライバシーを明白に侵害するとして、通信事業者3社に対して、発信者情報を開示するように命じた。

達雄へのいじめは、中学時代からだった。いじめ防止対策推進法に基づく「市いじめ問題調査委員会」が設置された。その調査報告書などから、いじめの事実を見てみよう。中学1年生当時の15年5月、サッカー部に入部すると同級生のライングループができたが、2日後、グループから外された。ライン外しについて、教員や生徒の聞き取りからも確認できた。教諭はライングループの生徒たち全員に注意したが、そのことで達雄は「チクった」と揶揄されるようになり、無視や仲間外れが始まった。ラインに〈しねかす〉〈ごみおつ〉などのメッセージを送られ、サッカーの練習中には一部の生徒から暴力を受ける。

翌年3月、親しかった部員からもラインで、〈仕切るな〉というメッセージが送られてきた。調べると、その部員宅に泊まった別の人物がなりすましていたことがわかる。2年生になった5月から何度か、学習支援を約束したサッカー部の顧問から体罰を受ける。9月、部員が達雄の自宅や自転車をスマホで撮影、ラインに無断でアップして、中傷。達雄はいじめによって自傷行為をし、不登校になった。調査委員会の調査では、いじめと不登校の因果関係も認められた。ただし、ラインのやりとりは、当事者から提供された資料のみで判断するしかない。それが全部ではなかったことから「(資料は) 断片的な情報であり、実行行為を確認することが難しい」と注意書きがある。

一方、校長は保護者たちに対しては「いじめはない」と報告していた。周囲では「母親が学校に行かせないのが悪い」「いじめられたと嘘をついて登校しない」との噂が流れており、10月には匿名掲示板「爆サイ」にスレッドが立って、誹謗中傷されるようになっていた。

母親は「掲示板にスレッドが立ち上がり、何度も市教委と学校に注意喚起をお願いしていたのですが、なかなか対応をしてくれませんでした。文科省や県教委にもお願いすると、『早急に対応を』と言いました。その後、10月20日の保護者会で対応すると答えました。しかし、学校側は事実ではないことを言い、スレッドは炎上し、実名が晒されました。(スレッドが) 立ち上がる1年前から、保護者間で誹謗中傷を受けていましたので、書き込みはその延長線上です」と述べた。

11月1日、校長が達雄宅を訪れ、指導不足だったと謝罪した。謝罪に訪れた校長に、達雄の母親は保護者説明会を要求したが、学校側が説明会を実施したのは11月末だった。校長は「最大限、努力して取り組んだが、被害保護者から理解が得られていない」と釈明したという。

達雄は再登校を試みたこともあったが、掲示板に実名が晒されたことを知り、再び学校へ行けなくなった。母親は学校に、削除依頼の対応をするように申し出ていたが、学校が削除依頼をしたのは11月の2週目だったという。こうした学校対応が、スレッドでの誹謗中傷をエスカレートさせていった一因ではないかと、母親は考えている。

たとえば達雄の靴の裏に「死ね」と書かれたことがあったが、「爆サイ」の掲示板には〈自作自演〉〈自分で書いた〉などと書かれた。「学校や市教委は、『靴のアンケートを早急に行ったが情報は得られなかった』と説明しました。しかし、靴のアンケートはしていません。実施したのは、年に何度か行なっている一般的ないじめのアンケートだけでした」。

†加害者を特定し、損害賠償裁判を起こす

個人特定ができれば、名誉毀損などによる賠償請求ができる。けれど、ネットいじめの当事者や保護者が、開示請求することはいまだ珍しい。発信者情報を開示させるためには、手間と時間が必要だからだ。

まず、掲示板の管理人に対して、発信者に割り当てられるIPアドレスなどの発信者情報の開示を求める。これは掲示板の管理人に直接請求するか、レンタルサーバーの事業者へ請求する。IPアドレスが開示されると通信事業者が判明する。その通信事業者に対して発信者情報

の保存を求め、さらにIPアドレスを割り当てられた契約者の名前や住所などの情報の開示を求める。開示に応じないとなると、法的手段として提訴する。裁判所の開示命令を受けて情報が開示され、個人を特定することができる。

達雄のケースでも、開示には時間がかかったが、裁判所は、①スレッドのタイトルに学校名が、本文中にも実名や本人と簡単に連想できるニックネームが書かれていたこと、②事件は新聞報道もされていたが実名は掲載されていないこと、③新聞記事が掲示板にコピペされていたが、その中の投稿で実名が載せられていたことなどを認定。その上で、「第三者が取得ないし開示する行為は、本人が認める場合、受忍限度の範囲と言える場合などがない限り、プライバシーを侵害する」と判断し、通信事業者3社に発信者情報を開示するように命じた。

「判決はやっと第一歩です。あまりにも書かれている内容が悪質です。日常の行動が書かれるなど、身の危険を感じる内容までありました。学校や市教委がちゃんと対応しないからこうなるのです。(個人が特定されれば) こういうことはいけないと示すことができます」と語った達雄の母親だが、心配のタネは消えない。認定された書き込みは削除されたが、スレッドそのものや、削除対象以外の書き込みは残っている。「学校や市教委が早い段階で注意喚起をしていれば、ここまでにならなかったのではないか」。

ネットいじめは、かつてはメールや学校裏サイトなどの匿名掲示板でよく見られた。対策としては、学校や行政、あるいは委託を受けた業者がネットパトロールをしながら、全体として誹謗中傷の書き込みをやめるように啓発。個人特定ができた場合には個別指導していた。しかし、発信者情報の開示を求めるケースは少ない。このケースでは発信者を特定した上で、謝罪を要求。連絡がない1人を提訴した。すると認めた上で、謝罪する意思を示した。

ちなみに、達雄は、学校や市教委の対応をめぐって、教育を受ける権利を侵害したとして、国家賠償訴訟を起こしている。また、その過程で、情報公開がきちんとされていないことからも、情報開示等を求めて訴えた。川口市は、前者の訴訟では、争う構えを示している。後者の訴訟では、情報公開が不十分な点の違法性を事実上認めて、公開すべき内容は達雄の自宅に郵送した、としていた。ところが、自宅には届かず、達雄や母親は反発。再度、市教委は郵送したものの、達雄本人が受け取れない方法だった。市議会でも取り上げられた。

†ネットいじめの恐怖心

平成28年（16年）10月、神戸市垂水区の市立中学校3年生の有美（仮名）が川で倒れているのが見つかり死亡が確認された。いじめを苦に首を吊った可能性があるとして、いじめ防止対策推進法に基づく重大事態として、調査委員会が設置された。調査委は、いじめは認定したが、自殺の原因を特定できないとする報告書案をまとめた。遺族は追加調査を求めたが拒否されたことから、「調査は不十分」との所見を市教委に提出、市長に再調査を要望し、また文科省に市教委を指導するよう申入書を送付した。すると、当初の調査では「破棄されていた」とされた聞き取りメモが校内に残っていたことが明らかになった。

メモは、女子生徒が亡くなった5日後、生徒ら6人から教職員が聞き取ったもので、自殺の翌年8月に、後任の校長が報告書を読み、市教委に報告していた。しかし市教委がメモを確認しなかったため、平成30年（18年）3月に、この時の校長が改めてメモの存在を報告して4月に提出。新たな調査委員会（再調査委）が立ち上げられた。再調査委の報告書によれば、有美に対するネットの中傷は中学1年に、すでに始まっていた。報告書に記されたネットいじめは次のようなものだった。

有美がネット上にアップした動画について、盗作疑惑を騒ぎ立てた匿名の同級生について、有美は閲覧を限定したコミュニティサイト内で非難した。それを別の同級生が匿名の同級生に伝えたところ、有美への攻撃がさらに強くなった。この行為は有美に対する非難を煽ったいじめと認定された。彼ら以外にも盗作疑惑を非難した複数の同級生がおり、再調査委はそれらもいじめとした。

有美の「アンチスレ」サイトが存在し、そこでは彼女への誹謗中傷が飛び交っていた。有美もサイトの存在を知っており、彼女に与えた心理的影響は計り知れない。ネットの、特に匿名掲示板でのやりとりに関しては、発信者情報開示請求をしなければ、誰が書いたか正確には特定できない。しかし有美のことを知っている人物が書き込んだと推定できるので、受けた被害を重視し、いじめの定義を厳格には適用しなかったのだろう。

そして、いじめに拍車をかけたのは「スクールカースト」の存在である。教員がいじめを認識しなかったのは「よくある女子同士の人間関係のトラブル」と軽く見ていたためだ。教員の初期対応は「様子を見る」「お互いに関わらせない」「けんか両成敗」だった。有美の心情を想像すると、大人への不信感につながったのではないか。しかもこの時期の、学校から教育委員会へのいじめ認知件数の報告は「年間0件」であった。いじめを防止しようとする意思さえないと思われても仕方がない。

報告書は「問題の発端は日常生活におけるトラブルにあることが多く、着火点と発火点も異なる」とした上で「第三者は誹謗中傷を事実として受け取ってしまうのではないかという恐れや、みんながこのサイトを見て自分のことを攻撃し嘲笑しているのではないかという恐怖心によって〝被害者〟の心はボロボロにされ、ストレス反応に苦しむようになる」と、ネットいじめ被害者の精神的影響について的確に捉えているが、ネットいじめをどのように発見していくのかについては言及されていない。

†SNSいじめの通報アプリ

スマートフォンを四六時中、監視するわけにもいかないので、SNSでの陰湿ないじめは発見が難しい。仮に、子どもが亡くなってしまった場合、所持しているスマホのOSがAndroid（アンドロイド）であれば、業者に依頼して解析できる可能性は高い。しかし、iOS（アイフォン）だと、個人情報を重視するアップルは、原則として解析に協力してくれない。

では、ネットいじめの端緒を発見するにはどうすればいいのか。糸口になりそうなひとつはアプリの利用だ。たとえば「STOPit（ストップイット）」というアメリカで開発された匿名相談アプリが、千葉県柏市などで導入されている。あくまでも生徒からの申告制だが、生徒と大人をつなぐ相談のためのチャットアプリのようなものである。生徒は、このアプリを通じて匿名で、相談員（教育委員会か委託先）にSOSを発することができる。アクセスコードがあれば生徒を特定できるので学校に注意を促すこともするが、生徒がそれを望まない場合は、学校に連絡はいかない。

または、アディッシュ社の「スクールガーディアン」というネットいじめ・学校裏サイト対策サービスもある。ここも、サイバーパトロールのほか、いじめ匿名通報アプリ「Kids' Sign」では、24時間365日、匿名で相談や通報を受け付け、場合によっては学校や教育委員会に報告するという。

柏市教委では「いじめ防止基本方針」を策定している。「中学生のいじめの早期発見、早期対応、抑止力」の一環として全学年を対象に「ストップイット」を導入した。ただ、このアプリを導入しただけで、いじめが防止できるわけではない。平成29年（17年）度から、ストップイットジャパンや柏市教委、千葉大などが共同で開発した「私たちの選択肢」というDVD教材を使って、市内の中学1年全学級を対象に情報モラル教育を実施している。その内容は「脱傍観者教育」だという。平成27年度の資料によると、市内中学1年生のいじめ認知は年間で569件と、他の学年よりもずば抜けて多い。いじめの傍観者の立場になったら、止めることができるかどうかを問う内容になっている。いじめを許さない雰囲気を醸成することが目標となっている。さらに柏市少年補導センターにネットトラブル相談窓口を開設。サイバーパトロールで、学校裏サイトやツイッターでの不適切な書き込み監視をはじめた。

†ライン相談

長野県は未成年の自殺が突出して多い。平成28年（2016年）時点で未成年者の自殺死亡率（10万人対比）は3・0。そのまえ4年間の平均ではさらに高水準で4・1であった。そのため長野県で「子どもの自殺対策のプロジェクトチーム」が発足、「ラインを利用したいじめ・自殺相談『ひとりで悩まないで@長野』」を実施した。

相談期間は平成29年（17年）9月10〜23日の2週間。登録カード配布対象者総数は約12万人だった。このうち、相談終了時は3817人が友だち登録、ブロックと友だち解除を除いた2950人が有効友だち数だった。相談に対応できた数は547件で、このうち6割（59・0%）が女性、全体の半数（47・6%）が高校生だ。中学生は32・9%、不明は19・2%。相談実数は390人。対応数は1人あたり1〜11回だった。

相談内容は「交友関係・性格」が119件で最も多く、「恋愛」83件、「学業・進学」が48件と、いじめや自殺とは直接関係ないものが多かった。「いじめ」は45件、「学校・教員の対応」が45件、「家族」が27件、「性・からだのこと」が11件、「不登校」が3件、雑談や部活などが77件だった。

一定の成果はあったが、相談窓口対応の課題も浮き彫りになった。分析報告書には「いつの間にかいなくなるフェードアウトや相談時間の終了による時間切れも20%ほどあり、相談時間をどのように設定すべきかは憂慮すべき課題」「相談員の対応が相談者を失望させているような例が見られた」「対面とは異なる対応について相談員が学ぶ必要がある」。その一方で、直接「自殺」の悩みはなかったが、「テキスト分析から『死』などの深刻な発言が含まれる相談が一定数存在」「『死ぬ』という単語も28人から127回発せられており、深刻な悩みについても相談が行われていた」などがあげられた。

いじめ防対法のきっかけになった大津市も、ラインを通じた相談窓口を開いた。その検証会議報告書によると、実施期間は平成29年（17年）11月1日から翌年3月31日の99日間のうち、平日の17～21時。対象は市内の中学校18校（当初は3校）の合計9000人だった。チラシや友だち登録用カードにあるQRコードを読む込み、「おおつっこ相談LINE」に登録。カウンセラーとのメッセージ交換を通じて、相談が行われた。相談者数は37人で回数は67回だったが、以前からあった相談窓口は8人で56回なので、既設窓口による相談の約5倍の人が相談したことになる。相談内容は「いじめ（疑いを含む）」が15回で、内訳は「冷やかしやからかい、悪口やおどし文句、嫌なことを言われる」が8回で、「仲間はずれ、無視をされる、悪口を言われる（菌タッチ等を含む）」は6回、「軽くぶつかられたり、遊ぶふりをして叩かれたり、蹴られたりする」1回だった。

当初（11月）3校に配布した中学生向けチラシには「いじめなどに関する相談」としていたが、対象校を18校に増やした際（12月から1月）には「友だち関係やいじめなどに関する相談」との表記に変えた。「いじめに関する相談は相談のハードルが高いので、入り口として、いじめ以外の相談でも丁寧に対応するほうが良い」「他の相談窓口でも、ずっと雑談していた子どもが、最後に『実は……』といじめや友だち関係の悩みを話す場合も多い」という報告があった。子どもたちの人間関係は、大人には可視化されにくい。

学校の問題といえども外部の知恵と連携させなければ解決が難しい時代だ。生徒の多様性が表面化し、人権的な視点が重視され、家庭の事情も複雑化している。いじめ対策や自殺対策も、生徒指導の視点だけでなく、家庭や地域社会などの視点が求められている。アプリやSNSの相談を充実しても、画一的で競争的な、旧来の学校のムードを残したままだと、子どもたちも本音をさらけ出せないだろう。トラブルやいじめの通報窓口のオンライン化は、子どもたちに信頼されるよう充実させる必要がある。大人は、子どもたちに試されている。

第五章

死にたい感情が交差する自殺系サイト

†ドクター・キリコ事件

インターネットと自殺の親和性が一般に知られるようになったきっかけは、いわゆる「ドクター・キリコ事件」だ。約20年前の事件である。続く「ネット心中」の連鎖も、ネットと自殺のつながりを印象づけた。そして平成29年（2017年）に発覚した座間市の男女9人殺害事件も、あらためてそれを再認識させるものだった。

平成10年（1998年）12月、自殺系サイト「安楽死狂会」のコンテンツのひとつ「ドクター・キリコの診察室」という掲示板で、自殺や向精神薬に関する相談にのっていたドクター・キリコこと草壁竜次（ハンドルネーム）が自殺した。

平成2年（90年）に私立大学の理工学部に入学した草壁は、毒物劇物取扱責任者、特定化学物質等作業主任者、有機溶剤作業主任者の資格を取得し、卒業後は医療関係の会社に入社。2年後の平成8年（96年）、薬局のチェーン店に転職、学習塾の非常勤講師もしていた。翌年2月、9月にも青酸カリ5グラムを購入した。

草壁は、重度のうつ病を患った複数人に、青酸カリが入ったカプセルを「保管委託」という名目で販売していた。彼らはそれをエマージェンシー（緊急）のカプセルという意味で「EC」と呼んだ。精神医療に絶望していた草壁は、死ねるクスリが目の前にあれば逆説的に自殺を回避できると考えて、毒物を〝預けた〟のだった。鶴見済のベストセラー『完全自殺マニュアル』の「あとがき」にもあるが、自殺の手段を知っていれば、かえって、現実を生きようとするとの発想である。

しかし、このうちのひとりがカプセルの蓋をあけて服毒自殺した。平成10年12月15日、警察からその連絡を受けた草壁も自ら命を断った。

†いつでも死ねるという安心感

青酸カリを購入した最初の人物とのやりとりは、草壁がドクター・キリコと名乗る前に行われていた。第1の購入者、茨城県の男性が草壁の口座に3万円を振り込んだのは3月18日である。この時はまだECカプセルとして委託していない。また、一般郵便で送ったため不審に思った母親が男性に渡さなかった。第2の購入者は千葉県の大学生で、郵送した毒物はクロロホルム500ミリリットルと抗認知症薬だった。相田くひをの『インターネット自殺毒本』でも、第1、第2の購入者と草壁とのやりとりは一切不明である。

5月頃から、草壁竜次というハンドルネームを名乗ると、自殺系サイトの掲示板に〈シアン化カリウム売ります〉と書き込んだことで「カリの売人」と呼ばれるようになる。6月、足立区の女性（第3の購入者）と愛知県の女性（第4の購入者）にECを委託した。手持ちの青酸カリがなくなった草壁は、新たに500グラムを購入。その後、草壁が再び〈シアン化カリウムを売ります〉と書き込んだが、掲示板は閉鎖された。

7月3日、第2の購入者である千葉県の大学生が薬物を大量に摂取して自殺する。ただし使ったのは睡眠薬と統合失調症などの治療薬（メジャートランキライザー）でECではないのだが、目の前に致死量の青酸カリがあれば、逆説的に自殺防止になるという草壁の考えは、この時点ですでに崩れていた。

この頃、美智子交合というハンドルネームの女性がHP「安楽死狂会」を開設した。美智子交合と草壁は、別の自殺系サイトの掲示板で知り合いだった。「安楽死狂会」内のコンテンツとして設置されたのが「ドクター・キリコの診察室」である。ドクター・キリコの由来は、手塚治虫の『ブラック・ジャック』に登場するキャラクターに端を発する。漫画では、安楽死を願う患者の希望をかなえる医師である。草壁のECに賛同する美智子交合が名づけた。

美智子交合は、草壁の人物像について著書にこう書いている。「草壁さんという人は、他者とのコミュニケーションを一切拒否している人であり、薬について以外語りたくない人だと思っておりました」「この人は、決して他者とのコミュニケーションを拒んでいる訳じゃない。ただ、自分にしか分かり得ない自分の苦悩を、だらだらと他者に発信するのを好まないだけだ」(『わたしが死んでもいい理由』)。

ドクター・キリコの診察室では、表立ってECカプセルや青酸カリの話を出していない。ただし、草壁には「重度のうつ病患者でない人にはECの委託保管はしない」「うつ状態が酷く、長く通院・投薬治療をしてもなお、回復の兆しがみられない人」との基準があった。

第5の購入者は練馬区の女性だ。美智子交合が心中相手を探すためにつくったもう一つのHP「自殺倶楽部」を通じECの存在を知った。彼女はECの蓋を開け、水に溶かして飲もうとした。ただ、飲む前に知人に死ぬと電話したことで、連絡を受けた父親がクスリを没収した。彼女は結局、自殺念慮が薄らいだので目的を果たさなかった。この練馬区の女性はカプセルを入手する際、インターネットを使っていない。彼女が入院先で知り合った友人であり、第7の購入者となる埼玉県の男性経由で「自殺倶楽部」に入会していた。この埼玉県の男性は11月に

ECを入手していた。その後、向精神薬の大量服薬で自殺を図ったが未遂だった。

第6の購入者は美智子交合だ。EC入手後の8月下旬、彼女は樹海をさまよったが、樹海近辺のバス停で昏睡しているところを保護される。その後、「ドクター・キリコの診察室」は別のホームページに移転すると同時に「安楽死狂会」は閉鎖された。

†劇薬はお守りにならなかった

美智子交合は自殺を試みる際、草壁にメールした。草壁は〈誰だって、好きこのんで、自殺を考えなければ生きていかれないような人生を歩んできたわけじゃない。私だって、できることなら、普通に生きていたかった〉と返事を書いている。冷徹なカリの売人と報道された印象とは違う。そして美智子交合が自殺を果たせずに帰ってくると、こんなメールをしている。

〈生きてたんだ!! 良かった、ああ、良かった、本当に良かった!!／うん、そうなるとは思っていたけどね、ちょっと心配してた。／アレはね、本当に不思議な「お守り」なんだ、／これまで幾人かの人に渡していたけれど誰も飲んだりしていない、／皆、お守りとして思っていてくれてるよ。／だから、美智子さんにも、きっときっとお守りになると思ってた！／お守りの品質は五年くらいしか保証できないけれど、／僕は、五年後に、美智子さんのお守りが無事に僕の所に戻ってくるのを／待っているよ！／そしたらまた、新しいお守りをあげるからさ、そ

の時は委託料は受け取らない、／だからさ、五年後に、ちゃんと返してくれよ！〉

この草壁のメールは、自殺防止のためにECを委託していると本気で思っている内容だ。自分が生きることで他人を生かし、他人が生きることで自らを生かし続けたのだろう。しかしその目論見が、失敗する時が訪れる。

12月、最後の購入者である杉並区の女性とのやりとりは電話だった。彼女が昏睡状態で痙攣しているところを母親に発見され、救急車で病院に運ばれた。草壁は、病院からの電話で彼女がECを飲んでしまったことを知ると、「その人が死んだら私も死にます」と応えたという。警察からの電話に草壁はこう話した。「自分もいつでも死ねるように青酸カリを持っている」「女性から頼まれて青酸カリを送った。カプセルで6錠だ。普通は5万円だが、無職で金がないということだったので3万円にしてやった」。草壁は、最後の購入者が亡くなった日、自らも服毒自殺した。ほぼ3ヶ月後の2月12日。警察は自殺幇助の疑いで、被疑者死亡のまま書類送検した。

平成10年は、前年よりも1万人以上増加し、日本の年間自殺者が3万人を超えた年だ。

†リタリン・ネットワーク

インターネットでは精神科の処方薬や向精神薬の違法な譲渡や売買がされている。中枢神経刺激薬「リタリン」（メチルフェニデート）は一時期人気で、「合法覚醒剤」と呼ばれ、乱用薬物の代名詞となった。

リタリン錠は、昭和32年（1957年）10月、うつ病や抑うつ性神経症の処方薬として承認され、翌年にはリタリン散として承認された。昭和53年（78年）に適用が拡大され、ナルコレプシー（過眠を伴う睡眠障害）にも使われるようになった。しかし依存症が問題となったことから、平成19年（2007年）10月には、うつ病が削除され、ナルコレプシーのみに承認。流通管理員会の管理下に置かれ、監視が強化されたが、リタリンは依然として人気で、入手したい人は減らなかった。

クスリを欲しがる人たちはその譲渡や販売をしているクスリ系サイトに入り浸る。その中で、メンバーが次々と自殺してしまった「CG202」というサイトがあった。CG202とは、リタリンの識別コードだ。サイトには効能について説明書きがあった。メンバー紹介のコーナーもあり、HPを持っている場合、リンクが貼られていた。掲示板もあり、処方されやすい病院の情報やリタリンについての質問、精神疾患の悩みがつづられた。ピーク時にはメンバーが20人を超えた。

このサイトをつくったのは、「クスリを渡した相手が自殺をしたことで、薬事法違反で逮捕されたことがある」と話していた長野県出身の自称元自衛隊員、和田隆（仮名）だ。家族関係の悩みから、ナルコレプシーと診断され、リタリンを処方されていた。和田は「同じような悩みを持つ人たちにもリタリンを使ってほしい」と考えた。最初は友人や病院仲間に勝手に配っていたが、その中のひとりが自殺をしてしまう。この件で彼は逮捕されたが、和田は考えを変えず、平成12年（2000年）頃、ネットを利用しようと試みた。

平成14年（02年）頃、そのHPに偶然アクセスしたのが、都内在住の18歳のフリーター、土屋圭世（仮名）だった。両親の離婚や失恋、人間関係の悩みから、彼女は摂食障害を患っていた。クスリを飲んでも、極度に眠くなったり、やる気が起きない日々が続いていた。「生きているのも嫌になって、彼氏に言っても分かってくれない。おじいちゃんやおばあちゃんに迷惑かけたくない。死ぬことも許されない」。彼女は過量服薬（オーバードーズ）してハイになることで、鬱から解放された。しかし繰り返すことで次第にクスリが効かなくなり、徐々に重いクスリを飲むようになる。そして、和田のサイトの常連になった。彼女はバイト中でも、リタリンの効用が切れると、急にうつが激しくなり、トイレに駆け込んで泣いていた。リタリンでさえ耐性が出てきた。

CG202に集まる他のメンバーも同じだ。その掲示板には、〈リタリンって、始《ママ》めは世界が変わったたって思うくらい効いていたのに、最近は、リタスニしないとうごけない状態。リタがあって、楽しかった頃にもどれたらなぁ。でも、もし戻れたらリタスニはしないだろうなぁ

〜〉と書き込まれた。リタスニとは、リタリンを粉にして鼻から吸引することである。飲むよりも効果があると言われていたが、さらに耐性がつき、依存に陥る人が相次いだ。

依存状態の中、土屋は急に断薬を始めた。彼氏と旅行することが決まっていたからだった。彼女の7月のウェブ日記には、〈今日は処方どおりのお薬を。ボルタレン、パキシル、デパス、ラボナ、ベゲA経口投与。バイトから帰宅する前にレキソタン飲んだけれど。カルシウム剤も。最近楽しいわけは、きっと、リタ抜いてるためだとおもいます〉。安定しているかのようだったが、安定期は長くなかった。再び不安定になった時、土屋は、サイトのメンバーの死亡を知る。

和田はサイトの掲示板で、亡くなったメンバーの弟と称する人に対して〈毎日しっかり掲示板の管理をしていれば、こんな騒ぎにはならなかったでしょう。夜中に土屋さんからの知らせがあり驚きました。気が動転していたらしく、慌てていました〉と書いた。掲示板には、みんなが仲間、誰も責めるな、という書き込みが相次いだ。なんとかみんなで生き抜こうということが目標になったが、他のメンバーも次々と亡くなっていった。

自殺や事故で亡くなった中には、土屋もいた。亡くなる数日前から、強い自殺願望が湧いてきていたようだ。彼女が大量に貯め込んでいたのは、イソミタールとラボナ。いずれもバルビツール系の睡眠薬で、致死量は多くない。この2種類のクスリを合わせて飲み、旧友やネットで知り合った友達に、〈ありがとうございました〉という最後の携帯メールを送っていた。

メンバーの相次ぐ死に責任を感じた和田も、オーバードーズによって自殺した。取材で知り得た限り、8人が亡くなっている。CG202はその後もしばらくは、掲示板だけが稼働していたが、遺族によって削除された。

土屋のメールを読んだ山梨県在住の女子大生、大谷茜（仮名）は訃報を聞き、泣くことしかできなかった。同様に摂食障害を患っていたことで、親友のように感じていたのだ。大きなショックに打ちひしがれていた時、友人の掲示板で、リタリンなどを無料で配ってもよいとの情報を目にする。提供者は、CG202のメンバーの男だった。「（リタリンが）欲しくなって、すぐにメールしました。もうリタリンがないと、気分が落ち込むんです」。

名前も住所もない封書で届いたのは、リタリンとイソミタール、ラボナ、エリミンだった。その大谷も2週間分の処方薬を全部飲んで、ベッドに顔を埋めるようにして亡くなった。土屋が亡くなってからちょうど1年後だった。

大谷の部屋には、提供者からの手紙が無造作に遺されていた。「これは違法行為です。くれぐれも、芋づる式に警察に逮捕されたりしないよう、ご留意ください。リクエストがあれば、今後も送るつもりです。私から送ったHOTMAILはすべて削除してください。警察から依頼があったら、アカウントのIPアドレスなんか簡単に公開するでしょう。大変危険です」

不審に思った家族からの通報で警察が家宅捜索に入ったが、事件性なしと判断された。提供者からの手紙は机の上に放置されたままで、警察は押収しなかった。

このサイトの事件は報道されなかったが、ひとつのサイトのユーザーが多数亡くなったという意味で、ドクター・キリコ事件に似ている。生きていくために寄り添いあってクスリを共有したという点でも、適切にコントロールされずに提供されたクスリが自殺に使われたという点でも共通する。これらの事件は、ネットワークの両面性を示している。

†自殺系サイトで知り合い心中

平成15年（2003年）頃からの「ネット心中」の連鎖は大きな社会問題となったが、実はネット心中そのものはもっと前から存在していた。この頃の心中の連鎖が特異なのは、自殺系サイトの掲示板で、心中相手を募集し、その方法がほぼ「練炭自殺」に限定されたからである。まず、報道された中では最初のネット心中を見てみる。

平成12年（00年）11月、福井県内で男女の心中死体が発見された。男性は福井県の46歳の歯科医、坪井勇治（仮名）、女性は愛知県の25歳の元ＯＬ、齋藤優子（仮名）。死因は睡眠薬の大量摂取による薬物中毒死だった。

坪井は自宅で歯科医院を開業していた。2人の子どもがいたが、妻とは別居。借金と循環器系の疾患に悩まされていた。近所の人は「奥さんも歯科医です。奥さんと別居してからは、患者さんも少なかったようだ」と話した。一方、齋藤は独身。家庭の事情に悩んでいた。住む場所も仕事も年齢も離れた2人をつないだのは、インターネットの自殺系サイトだった。

2人は10月上旬、同じ掲示板に悩みを書き込んだことからメール交換を始め、十数回にわたってやりとりした。2人が初めて顔を合わせたのはメール交換を始めてから約3週間後の10月20日前後。心中ではあったものの、恋愛関係も性的関係もなかった、と言われている。この日の顔合わせは、共通の目的である心中の確認だったか。

一緒に死ぬための睡眠薬を用意したのは坪井だったとみられる。11月25日午後11時40分頃、睡眠薬のケースが散乱する中で冷たくなっている2人を、坪井の家族が発見した。死亡推定時刻は25日午後1時頃。「自殺します」と書かれた遺書が近くに残されていた。

†心中掲示板

ネット心中連鎖のきっかけとなった事件は、埼玉県で起こったケースだ。入間市のアパート内で平成15年（2003年）2月11日、26歳の無職男性「月夜」（ハンドルネーム）と、千葉県船橋市の24歳無職女性「美夕」（ハンドルネーム）、川崎市の22歳無職女性、深夏（仮名）の3人が死亡しているのが発見された。部屋は2、3年前から空き室で、3人がいた南東の6畳和室には練炭入りの七輪が4個置かれ、ガラス戸には粘着テープで目張りがしてあった。遺書はなかった。

現場は西武池袋線・武蔵藤沢駅から徒歩10分ほどの、当時人口増加著しかった新興住宅街。集団自殺事件の報道後に現場を訪れると、建設中のアパートが多く、区画整理されている最中だった。取材によれば区画整理のためにアパートは取り壊しになるとの情報があったが、その場所は区画整理にひっかかることはない。アパートの解体は別の理由だ。

月夜の自宅と、自殺を決行したアパートは数十メートルしか離れていない。そのため無人のアパートを探し当てることは容易で、自殺の手段として格好の場所を近所に確保したと思っただろう。月夜は、以前からアパートのドアをこじ開け、室内に侵入していた。

3人に目立った外傷はなく、死後数日がたっていた。死因は一酸化炭素による中毒死で、川の字になって亡くなっていた。そばには睡眠薬や化粧道具、チョコレート、スキー用のゴーグルが置いてあった。近所の人の証言では、「七輪は予備のものが13個あった」という。

これだけみれば、単純な心中事件だが、3人の遺体を発見し119番通報をしたのは、栃木県に住む女子高生、宇野美都（仮名）だった。玄関は施錠されていたが、3人のいた和室の雨戸が開いていた。彼女の証言によれば、亡くなった3人と美都は、平成14年（02年）12月頃から、ネットを通じて自殺計画のやりとりをしていた。数日前から、月夜らと連絡がとれなくなったため、同アパートを訪れたのだった。警察に「男性がインターネットで、この部屋で自殺する人を募っていた。男性と連絡を取っていたが、電話が途絶えたため心配になった」と、美都は供述している。

彼女の証言からマスコミでは、インターネットの心中掲示板で呼びかけたネット集団自殺やネット心中などとして、騒がれることになった。

†どうして心中相手を探したのか

呼びかけ人で集団自殺計画立案者の月夜と見られるユーザーが、自殺系サイトの掲示板「自殺志願者交流」に書き込んだのは、平成14年（02年）10月だった。「心中相手募集　関東編」という見出しで、〈埼玉県に住む者です。一酸化炭素中毒で逝こうと思っています。今冬季に自殺したい方を募集しています〉と投稿された。

同じ掲示板に12月4日にも、今度は月夜と美夕と思われる2人の連名で、「心中募集」と投稿された。〈心中相手を探しております。方法は、練炭による一酸化炭素中毒死です〉〈練炭・コンロ・睡眠薬・密封できる部屋。全て揃え終わりました。参加したい人には、睡眠薬などを差し上げます。ただし、女性に限ります。男性だと、トラブルや犯罪に巻き込まれる恐れもありますので。年齢は問いません。やっぱり、独りだと寂しいですからね。場所は埼玉県です。

時期は、1月～2月中を計画しています。本気の方お待ちしております〉。

別の自殺掲示板には、美夕の名前で心中の呼びかけがあった。「決意表明」と題されたその投稿は、9月16日のものだ。

〈今年4月に首になり、それいらい、80社位就職活動をしてきました。成果はなく無職の状態です。おかげで、日に日に精神的苦痛が強くなっていきました。就活がやになり、毎日ぼんやりとした日々です〉〈私は、なにがなんでも、今年の冬中に自殺を決行することを決めています。6月から準備を開始しています。第一手段は、睡眠薬を使った一酸化炭素中毒死、失敗したら首吊りになるでしょう。一酸化炭素中毒死は安楽死ができることで、研究を続けています。(医者も安楽死できると認めている) 今までは、両手首を切った未遂でしたが今度は確実にしたいと思っています。問題は、誰もいない廃墟や車を探していることです。そこで、締め切って木炭や練炭による中毒死を狙っています。また、真冬だと凍死の可能性もあるので期待しています。正直、死ぬのは怖いですが、生きていく方がもっと辛いので、絶対成功しなければならないと思っています。もし、心中相手募集をしている方がいるのなら誘ってもらえないでしょうか。複数人いると、色々と便利で、意見交換や、決行の時も、観光客のふりができるので、地元の人や警察の目をごまかすこともできると考えています〉

月夜と美夕は知り合う前から、睡眠薬を飲んで一酸化炭素中毒死という同じ自殺方法を考えていた。さらに心中に見せかけるために、その相手を募集していたことが共通している。2人の呼びかけに応じたのが、少なくともあと2人いる。一緒に亡くなった深夏と、3人を発見した美都だ。平成14年（02年）12月14日に、「応募終了」との見出しで〈志願された方、ありがとうございました。〉と書き込まれた。月夜と美夕の連名だった。

月夜が集団自殺を呼びかけた掲示板を、私は事件前から知っていた。拙著『チャット依存症候群』の関連取材でチャットをしていた時に、何度か話題になっていたからだ。事件後、「心中掲示板」はプロバイダから削除された。ドクター・キリコ事件でもそうだったが、自主規制だ。一方で、掲示板やチャットで集団自殺を呼びかけることが一般化した。Yahoo!チャットには「自殺サークル」という名のユーザールームができたし、MSNチャットには「じさつ」というルーム名で自殺方法と運営者の居住地域が表示された。

†心中計画を知っていた人たち

美都の話では、平成15年（03年）1月上旬、死亡した3人とともに、今回の現場の下見をした。中旬には、3人と美都を含む4、5人で東京・渋谷駅近くで待ち合わせ、喫茶店やカラオケ店で、いつ自殺するかなどを話し合ったという。この会合の1週間くらい前には、月夜は美都とそのメル友の3人でアパートを訪れ、室内に通して「ここで死ぬんだよ」と説明した。そのため美都は現場を知っていたのだが、彼女は2月上旬、計画に参加しないことを、同じ掲示板に書き込んだ。

掲示板に残された月夜や美夕の足跡をたどると、自殺計画を考える内容がほとんどで、月夜に限っては、心中相手募集しか書き込んでいない。月夜は自分語りをほとんどしなかった。美都の話でも月夜は、「昨春まで会社に勤めていた。『仕事が見つからない』と話していた」というだけ。失業というのは大きな自殺リスク・ファクターなので「引き金」のように見えるのだが、確かめることができない。

月夜が自殺の方法をマニアックに追究していた人物像だったことは、彼が送ったメールでもわかる。実は、集団自殺計画の「募集終了」後に、参加を申し込んだ女性がいた。30歳の沙奈(仮名)は、月夜とメールを4回やりとりした。沙奈によると、集団自殺計画には、亡くなった3人のほかに美都と、あともう1人加わっていた。

沙奈が月夜からのメールを受け取ったのは1月27日だ。〈メールありがとうございます。ただ、我々のグループは実行に向けてカウントダウンに入っています。なので、今回は難しいと思います。ただ実行が延期になるようでしたら声をかけます。練炭専用のコンロが良いと思います。また、車が有れば一人で簡単にできます。眠剤があれば安楽に近い死ができると思います〉。1月上旬の渋谷会合の後である。メンバーを増やさないことにしたのだろう。計画が第三者に漏れれば、警察に通報されたり、計画を邪魔されると思ったのか。

翌28日にも月夜からメールが届いた。今度は、月夜から集団自殺計画の一部とも思われる方法で、沙奈に自殺の方法をアドバイスしてきた。〈こんにちは。練炭は、焚くコツより、場所の密閉度や時間が大切です。専用コンロを使えば20時間焚き続けることができます〉〈もうひとつ大切なことは、24時間以上、誰にも発見されないことです。通報され未遂に終わるのは明らかです。ただ、車内ですと成功率は上がると思われます。バーベキューコンロと専用コンロを併用して何個か練炭を焚けばよろしいかと思います。下のリンクを参考にしてみてください。これで解ってもらえましたか？〉。

その後も2月1日と3日の2度、具体的な購入方法などについてやりとりした。その際、月夜はいくつかのＨＰのＵＲＬを伝えてきた。一酸化炭素中毒の注意を呼びかける保健所やガス会社、病院のＨＰだった。月夜も参考にしたのだろう。また月夜は、掲示板にネット心中事件についての毎日新聞のスクープ記事（Yahoo!ニュースに転載されたリンク）を参考情報として貼っていた。

月夜が想定した致死時間は24時間。沙奈に送ったメールでも「24時間以上、誰にも発見されないこと」と注意を促していた。もし完全な自殺を狙うのなら、美都が計画から抜けた段階で計画に変更があっても不思議ではない。具体的な計画を知っていたほかの人たちに何かを託したとも考えられる。美都は警察に「生きていこうと思う」と話したと報道された。しかし彼女は4月末、自宅の押し入れで自殺した。死因は練炭による一酸化炭素中毒だった。

†大阪の自殺系サイト殺人事件

平成17年（05年）2月から6月の間に、自殺系サイトで知り合った男女3人を大阪府内で殺害したとして、元派遣会社社員・修理工の前上博死刑囚（死刑執行済）が死刑判決を受けた。判決によると、2月19日午後8時30分頃、前上は、投稿をしていた25歳の無職、吉田麻里（仮名）に対し、練炭を利用した一酸化炭素中毒自殺を計画しているようによそおった。

麻里は2人兄妹の長女。中学卒業後、アルバイトをしながら定時制高校に通った。高校中退後、実家を離れて住み込みでパチンコ店でのアルバイトを始めたが、人間関係がうまくいかずうつ病になった。引きこもり、自殺未遂をし、入院することもあった。

前上は、大阪府河内長野市内の駐車場で、「一緒に死ぬために」と騙して呼び寄せた。そこで、結束バンドで麻里の手足を縛ると、ガムテープで口を塞ぎ、鼻をつまんで窒息、失神させた。悶絶する表情が見たいという欲求からだった。前上は彼女の頰を叩くなどして意識を覚醒させると、再び窒息。失神させては覚醒させるという行為を、約30分続けた。そのうち麻里の体力がなくなり、悶絶する表情を見ることができなくなった。前上は「最後の楽しみとして、窒息死させよう」と考え、ガムテープを口から剝がした後、シンナーをかがせて、失神させた。死体遺棄現場まで移送し、死体を埋めるための穴を掘った。車に戻った前上は、口と鼻を両手で塞ぎ続け、死亡させた。この殺害後も前上は犯行を重ねる。

5月14日から20日まで、14歳の少年、松本芳生（仮名）が堺市内のネットカフェから自殺系サイトに投稿した。21日、大阪市のJR南田辺駅に松本を誘い出してトラックに乗せると、泉南郡方面に向けて進む。午後3時頃、前上は車を停めて、彼の手足を緊縛すると、鼻を手でふさいで失神させた。何度も繰り返し、苦しむ松本は体を動かして抵抗した。「お願いだからやめて。こんなことやめて」。抵抗の様子にかえって、前上は性的興奮を覚えた。覚醒した少年が「なんでこんなことするんですか」と喘ぎ喘ぎ尋ねると、「オレの趣味や」。前上は、縛りつけた手足をデジタルカメラで撮影し、うめき声を出させるために、みぞおちを殴りつけた。松本が失神している間に和泉市内に向かう。午後5時頃、駐車中のトラック内で鼻と口をふさいで窒息死させたのだ。そして前上は遺体から衣服をはぎ取り、山中に遺棄した。松本は一人息子だった。中学3年の頃、学校生活の悩みからうつ病になって、精神科に通っていた。

自殺系サイトの常連だった21歳の男子大学生、西村太（仮名）を河内長野市内の空き地に誘い出したのは、6月10日午後5時半頃、停めておいたトラック内で、手足を縛り、何度もタオルで鼻をふさいで、吉田や松本を殺害した時と同じように、失神と覚醒を繰り返した。午後7

時頃、前上は西村を殺害すると、遺体から衣服をはぎ取って山中に捨てた。西村は長男で、大学入学以来親元を離れて一人暮らししていた。取得単位不足から留年したことをきっかけに、抑鬱状態、対人恐怖症の症状に悩まされていた。

†自殺系サイトが性的欲求の餌食になった

事件には前兆があった。前上はそれまでにも、性欲解消を目的にした事件をたびたび起こしてきたのだ。小学校5年生の頃、近所の子を襲って口や鼻をふさぐ傷害事件を起こして以来、高校卒業までに50件余り繰り返した。石川県の工業大学に進学したものの、同級生男性がはいている白いスクールソックスに興奮し、首を絞めたことが原因で大学を中退している。

平成5年（1993年）4月から郵便局員として働いたが、平成7年（95年）2月、勤務先の同僚に手錠を掛けて口や鼻を手でふさいだり、スタンガンを押し当てる暴行事件を起こしたことから、精神科に通院する。平成13年（2001年）3月、通行中の女性の背後からベンジンを染み込ませたタオルを口及び鼻に押し当てる暴行。6月には、通行中の少女に同様の暴行を加えてけがを負わせた。11月に懲役1年（執行猶予3年）の判決を受けた。

自らの性癖をテーマにした小説をＨＰに書いたこともあった。表現することによって、欲求を解消しようとしたのだろうか。ネットは特殊な性癖を解消するのに一定程度役に立つ。性癖を明示したサイトがあれば、同好の士がそのキーワードで結びつく可能性が高い。上手く使えば、誰も傷つけずに性欲を満たせるが、前上にはむしろ殺人衝動の強化につながった。

執行猶予期間中だった平成14年（02年）4月、ゴム手袋をした手で、男子中学生の口をいきなり押さえつけて転倒させるなどしてけがを負わせたことから、懲役10ヶ月となる。前刑とあわせて服役した。事実上は性的暴行だが、形式上は傷害罪だ。平成16年（04年）3月29日に出所。すぐに、窒息プレイの欲求を抑えきれなくなった。

10月、「SMサイトで窒息行為をされたいという人を見つければ、性的欲求を合法的に満たすことができる」と考え、募集の書き込みをしたが、SMサイトでは適当な相手を見つけることができない。前上は自殺系サイトにたどりつく。12月、〈練炭自殺をしたときの睡眠薬の効きが悪く、無意識に車のドアを開けて警察に駆け込んで失敗した〉〈次回は失敗しないように手足を縛ることが重要〉などの書き込みを見つけた。

練炭自殺を一緒にやると言って相手を誘い出し、この失敗談を口実に手足を縛ることができれば、誘い出した相手に抵抗されない。思う存分窒息プレイが楽しめ、最後は窒息させて殺すことができる。そう思った前上は〈練炭自殺の計画あります。もしよろしければご一緒しませんか〉と投稿した。

インターネットの利用は、自己の性癖を満たすために前上なりに考えた結果だったとも言える。しかし、前上はネットでは救われなかった。合法的に性癖を満たす相手は現れず、サディスティックな欲望を深めて、それを実現するための道具になってしまった。

†男女7人ネット心中

平成16年（04年）10月12日、埼玉県皆野町の山中で、男女7人がレンタカーの中で亡くなっていたのが発見された。車は青いビニールシートがかぶせられ、目張りされていた。死因は一酸化炭素中毒。7人に直接の関わりはなく、サイト「自殺クラブ」を通じて知り合ったネット心中だった。

私は、呼びかけ人になったマリアと、事件の約4年前に取材を通じて知り合った。彼女との会話はほとんど自殺の話題だった。マリアは「死にたい症候群」というサイトを立ち上げ、自身の生きづらさを日記などで綴っていた。死にたい時に書き込む「自殺掲示板」、気分がよい時に書き込む「いつか晴れた掲示板」、前向きに生きるのは辛いけど後ろ向きでは死んでしまう、だから楽に生きたいという「横向き掲示板」といったコンテンツがあった。

マリアは、解離性同一性障害、いわゆる多重人格と診断されていたこともあり、その話をすることもあった。マリアには12の人格があったという。彼女は、たびたび連絡があると思ったら、音信不通になった。そして突然「ネットで知り合った人たちと10月4日に死のうと思う」

と電話があり、およそ1年ぶりに新宿アルタ前で待ち合わせた。

マリアは、「メリーメリーマリー」というバンドのボーカルだった。派手な服装で、自由な振る舞いをし、スポーツカーを乗りこなした。しかしこの日のマリアは薄化粧で、PTAの会合で見かけるようなスーツ姿。待ち合わせ場所には電車でやって来た。

「ネット心中」の計画を練って、「自殺クラブ」サイトに、その書き込みをしていたと私に伝えた。あとで調べると、こんな書き込みだった。〈女性グループ♀ 10月頭に都内で集まって出発する女性だけのグループです。方法は練炭です。いろいろと全部決まっているのですが、あと2名くらいまで募集します。参加希望される方はメールください。家族などにメールを見られないように気をつけてくださいね〉。この時点で自殺場所の下見を終えていた。

この日、彼女は17歳の男子高校生を連れて来た。少年は、自らを「18歳」の「ヒロ」と名乗った。愛知県の自宅から家出して、都内のネットカフェにいる時に、自殺系サイトのチャットルームに出入りして知り合ったという。ヒロと一緒にいると、地味な服装のマリアが母親のようにも見えた。マリアがネット心中の話を本格的に話そうとした時、ヒロを帰した。自殺することを知られたくないような印象だった。

そのヒロは後日、〈二人で練炭計画してます。必要な道具は、すべてそろいました。しかし、車だけありません。できれば車で行いたいので、車もしくは、免許を持ってる人限定で、仲間を募集します。明日死ぬつもりです。すぐにでも死にたい方、待ってます〉という千葉県の女子高生、ユミ（仮名）の呼びかけに応じて、ネット心中で亡くなった。その直前、ヒロはマリアに電話をしたという。ヒロに代わってユミが電話に出た時、マリアが「ヒロを返しなさいよ」と言ったものの、電話が切れてつながらなくなった。2人の遺体発見時、折られた携帯電話が見つかっている。

†自殺願望

ヒロの死によってもマリアの自殺願望は消えることなく、予告された10月4日が近づく。マリアは電話に出ない。当日、私は警視庁に通報したが「本当のことか、分からないだろう」と言われ、詳しい話は求められなかった。翌日、東京都奥多摩町の河原で女性4人が自殺未遂したとの新聞記事を読み、この中にマリアがいるかもしれないと思い、マリアに電話し続けた。

彼女と電話が通じたのは2日後の夜だった。4人でテントを張り、練炭自殺するつもりだったという。警察の事情聴取で「テントもろくに張れないのにテントで自殺かよ」と笑われたという話を聞いた。収容された病院では、医師が「目張りをきちんとしないと、ガスが充満しない」と聞いたという。警察や医師の軽口が、自殺を完遂するためのヒントになったと言っても過言ではない。

マリアの自殺願望は、実父からの性的虐待、母親からの暴力、継父からの虐待といった、身体的にも精神的にも休まらない暴力的な環境のもとで育ったことが原因だったとされる。解離性同一性障害を患ったのもそのためだ。

インターネットは、マリアにとって救いの場だった。自身のサイト「死にたい症候群」を開設すると、多くの共感できる人たちとの出会いがあった。

マリアは別のロックバンドのボーカルと結婚し、子どもがいたが離婚。その後、再婚し、子どもができる。しかし夫から暴力を受けたため離婚、再婚相手との子どもは児童養護施設で過ごすことになった。2度の離婚、そして子どもとの離別に絶望を抱いたことも、自殺を考える一因になった。

†止められなかった心中

マリアたちが集団自殺のため待ち合わせた10月9日は、巨大台風22号が関東地方を襲って新幹線がストップし、ダイヤが大きく乱れていた。

青森県の大学生タカオは、授業のない土曜日ではあったが、大学の正門まで母親に車で送ってもらっていた。自殺願望を周囲に漏らしていないが、その年の2月頃、友人とメッセンジャーで話した時、〈わっきゃ、もうまいや〉と伝えていた。津軽弁で「僕は、もうだめだ」という意味だが、友人は深くは追及しなかった。家を出る前、自身のパソコンのデータを消した。どのようにして、マリアとつながったのかは不明だが、「自殺クラブ」にアクセスした以外は考えにくい。東京駅に集合した7人グループは、マリアが呼びかけ、集まった人たちと他のグループが合流した形だった。マリアが直接つながったメンバーはいない。

この日も、私はマリアの携帯に電話し続けたが出なかった。集合予定時刻は、午後3時半。東京駅のどこかはわからない。私は丸の内署を通じて、駅前交番に通報した。警察官は「いちおう、探してみます。でも、東京駅は広いので、見つかるかどうか」と話した。私も東京駅に向かうが見つけられず、時間ばかりが過ぎていった。

台風のために、心中参加予定のうち関西方面の人たちは新幹線に乗れなかった。実際にマリアたちが東京駅近くでレンタカーを借りたのは翌日午前10時過ぎ。それまでマリアたちは、駅の近くで過ごしたのだろう。参加者の、仕事が見つからずに悩んでいたという所沢市の20歳の男性が10日の朝、「今日は帰らない」と電話をかけていたことを考えても、この頃にやっと集合できたのではないだろうか。

結局、マリアと電話がつながったのは10日の15時半頃だった。周囲は静かだった。「私がまた何かすると思っているんでしょ？　未遂ばかりだし、そんな体力ないよ」。車の中だったのか、1人だったのか他の6人も一緒だったのかは分からない。

「明日、イベントがあるんだけど、来ない？」と誘った。ちょうど、自殺に関連するイベントに私が出席予定だった。こうしたイベントがある時、お互い誘いあったことがあるから、これは特別な会話ではない。しかし、マリアは警戒していたのだろう。私が「また会おうよ」と言うと「うん、こっちから電話するよ」。これが最後の電話となった。

11日午後5時5分頃、集団自殺の参加者のひとりから、札幌市に住む男性に〈今、皆野町にいる。車内に7人いて、練炭自殺した〉とのメールが届く。その札幌市の男性が埼玉県警秩父署に通報して、署員が捜索すると、美の山公園内の駐車場でブルーシートに覆われたレンタカーが発見された。2つのグループが合流して人数が多くなった、特殊なネット心中だった。

未遂でも、自殺願望のある人は、なかなかその気持ちから逃れられない。きちんとしたケアやサポートを受けることなく病院や警察で説教されるだけで終わると、自殺の衝動が再びわき起こる。

マリアのこの心中事件以前、彼女を含めた4人で練炭自殺を試みて未遂に終わった女性たちがいたが、そのうち2人は別の自殺グループを組んだ。神奈川県横須賀市の27歳と東京都世田谷区の21歳の女性だった。彼女たちは、12日午前6時15分頃、横須賀の神社入り口近くに止めた乗用車内で死亡しているのを横須賀署員により発見された。

†厚労省のネット心中研究

その後もネット心中の連鎖は止まらない。厚生労働省は平成16年（04年）、ネット心中に関する学術的な調査を行った。「Webサイトを介しての複数同時自殺の実態と予防に関する研究」だ。そのテーマの一つ「精神医学からみた実態に関する研究」は、のちに日本自殺予防学会の理事長にもなる張賢徳氏（帝京大学医学部附属溝口病院精神神経科科長）が担っていた。

なぜ、集団自殺なのか。研究によると、自殺系サイトにアクセスする動機は大きく分けて2つある。まず積極的に自殺仲間を集める人たち（呼びかけ人）、もう一方は明確な自殺の意思がないまま呼びかけに応じてしまう人たち（追随者）だ。

呼びかけ人に見られる精神医学的な診断は、境界性人格障害、解離性同一性障害、気分変調性障害、うつ病。追随者は、うつ病、躁うつ病、気分変調性障害であるという。しかし、精神障害の診断がつかない事例でも、「あまりにも安易な自殺が生じているので予防すべき事態であり、対策として自殺予防サイトを増やすことが急務」としている。恋愛がらみや宗教的な理由による集団自殺とは違って、ネット心中は、同行者の事情や心理に踏み込まないことが基本だ。たまたまサイトを見ていて、仲間に加わった追随行動である。

ネット心中を類型化すると、①明らかな意図を持って自殺仲間を募集する、②集団自殺は特に考えていないが、自殺方法についての情報がほしい、③自殺も考えているが、なんとか助かりたい、生きたい、④自殺を考えている他の人の考えを知りたい、と見ている。これは、私の取材実感と合っているが、これ以外のパターンを取材した。それは「報道されるための心中」というものだ。

†報道されるための心中

中国地方に住む高校生、義紀（仮名）は平成15年（03年）5月頃から、複数の「自殺系サイト」の掲示板で〈一緒に死ねる人いませんか〉と呼びかけた。切迫した「死への願望」があったわけではない。以前から「死にたい」気持ちはあったものの、「すぐに」とまでは思っていなかったが「相手と約束」があれば自殺できると考えた。心中相手募集に何度か応じたこともあったが、返信は一度もない。そのため、自分から呼びかけたのである。

すると、20代後半の木村（仮名）から反応があった。同じ県内に住んでいることから、実際に会って、心中方法について話し合った。「首吊りがいいんじゃないかな」と木村が言うと、義紀は「練炭自殺がいいよ」とこだわった。この心中計画にはもうひとり、木村が別の掲示板で知り合った近県の16歳女性も参加するはずだったが、この打ち合わせ以後、木村からの連絡が途絶えた。

義紀が再び掲示板で呼びかけると、同じ県内に住む統合失調症と思われる20代前半の男性、大宅（仮名）から連絡がきた。1ヶ月ほどメール交換をした後、顔合わせ。免許を持っていないので、話し合いの結果、義紀が免許を取ることになった。睡眠薬はすでに入手していた。眠れないわけではないのに不眠をよそおい、4月から精神科に通って処方されていたのだ。睡眠薬と車の免許が義紀の役割となった。

ここに滋賀県の32歳女性、沙知絵（仮名）も加わった。3人での打ち合わせをしたが、大宅が「やっぱり、死にたくない」と抜け、再募集で別の20代半ばの男性が加わるも途中で脱落。義紀と沙知絵の2人だけが残った。この後、沙知絵が別の60代の女性と知り合い、3人で決行することにした。

義紀は中国地方の農村で生まれ、新興宗教を信じる両親に育てられた。父親は以前から宗教そのものに興味があり、母親は親類がその新興宗教の会員だった。教義の内容如何を問わず、狭い農村でその新興宗教を信じること自体、とても苦しいものだった。変わった一家と思われていたことは想像がつく。

義紀には友達がいなかった。テレビゲームは暴力的なものがあるからと両親に禁止された。小学1年の頃から学校で、髪を引っ張られたり、殴られたり蹴られたりしたが耐えた。いじめの主犯格が転校したことで暴力はなくなったが、心理的な後遺症は残ったのだろう。高学年になると、夜寝たら目が覚めなければいいと考えていた。

宗教的理由で武道ができないため、中学校の剣道の授業はいつも見学だった。宗教活動に影響がでるために、運動部ではなく文化部に入る。クラス内の人間関係もうまく行かず、2年生の頃には、「死にたい」と思うようになった。

高校入学前年の夏休み、義紀はとうとう反抗的な行動に出た。宗教施設に落書きしたのだ。〈サカキバラセイト参上!〉。神戸連続児童殺傷事件の「酒鬼薔薇聖斗」のことだ。事件に共感や共鳴をしたわけではない。この時に使ったスプレー缶を持っていたことから両親に落書きがばれて以後、義紀は宗教活動に参加する機会が少なくなった。すると、自由な時間が持てるようになった。しかし、もとより裕福な家庭でもない。もっとお小遣いが欲しいとは言いにくい。そこで事務所などに忍び込んでは窃盗を繰り返した。

高校2年の時、自動車整備工場の盗みで逮捕された。警察の留置場内でふと頭に浮かんだ。「親を殺して、自分も死んでやろう」と。トラブルに対する両親の態度が中途半端だったことから復讐を思いついたのだった。けれど、少年院で義紀は「内観」というプログラムを受ける。自分の人生を振り返り、自分が他人に与えられてきたことを考える心理療法である。内省して親から与えられたものは大きいと感じることで、感謝する自分を発見する。そのため退院時、自殺願望や焦燥感はなかったが、4月から別の高校に転校することになったことで、恐怖感に襲われた。転校先で友達はできないだろうと考えた。ネット心中の連鎖を報道で知ったのはこのタイミングだった。義紀の死にたい気持ちが再燃した。

5月に練炭自殺の実験をした。レシートにそのメモを残している。

1分後　アンモニア臭/15分後　眠い(まぶたがおもい)/30分後　脈拍80―90/体が熱い/40分後　タバコを初体験したような感じ/45分後　リスロンSを一箱飲んだような感じ。気持ちが悪いのである

義紀は、苦しくなって車の外に出た。立っていられなかった。レシートのメモにあるリスロンSとは睡眠薬の一種で、『完全自殺マニュアル』第一章「クスリ」の「大衆薬　向精神薬」でまっさきに紹介されている。実験の数日前、義紀はその薬を飲んで自殺未遂を図ったことがあったのだが、意識はなくならなかった。

「ネット心中の報道が減った。ということは、ネット心中が減ったということ。今、僕がネット心中をすれば、報道されるに違いない。そのため、自殺を試みよう」

漠然とした死にたい気持ちに、今死ななくてはならない理由が見つかった(と、本人は感じた)。私の取材を受けた後、義紀は家族への東京土産を持って長距離バスに乗り込んだ。

その数日後、義紀は行方不明になった。父親の車に乗っていなくなったという。後日、女性と2人で亡くなっているのが発見されたが、彼の死が、報道されることはなかった。

†インターネットは危険か？

インターネットが自殺を助長するのではないかとの意見をよく耳にする。ここで確実に言えるのは、コミュニケーションの結果ではあるということだ。

前出の厚労省のネット心中研究（平成16年）は、報告書で「インターネット通信の危険性」と題し、たとえば「匿名性と非対面性」について、次のように考察している。

自殺系サイトには、「死んだから楽になる」「この世は生きている価値などない」「自殺仲間募集」などの書き込みがある。このような書き込みをする発信者が全て悪意を持っているとはいえないだろうが、自殺を誘う書き込みを書きっ放しにすることは、他者への影響を考えない無責任さと身勝手さを有すると指摘しておきたい。

掲示板等で自殺を助長・誘引する書き込みを放置する危険に加えて、欲しい情報だけを選択できるインターネットの特徴から、自殺念慮はいっそう深まる。精神医療の人的資源を増やすこと、質的な向上、カウンセリングや相談窓口の整備などが必要であると提言している。

厚労省の報告書に研究協力している川野健治氏の心理分析（「ネット自殺発生に関する心理学的分析」）によると、〈自殺サイトは、直接的に死を望むものから、「死を望むこと」を望むものまで多様な人々をひきつけており、後者にはむしろ、受けとめられ感を与えている〉ことから、〈自殺サイトでの共感性〉は、自殺の抑止になりえるのだという。つまり、自殺サイトを一様に規制するのは得策ではない。悩みを抱えた利用者が集まることで自助的な関係が生まれる可能性がある。鍵となるのはコミュニケーションのあり方。サイト参加者へのリテラシー教育より、サイト運営者の基準が重要で、利用者に情報提供したり遮断したり、ケアしたりする。利用者の精神状態が安定している時期に、別の共感体験を得られるルートの情報を呈示できると有効だという。

ネット心中の高リスクなタイミングは、オンラインからオフラインへ移行し行動を起こす時点だ。集団自殺では同調圧力を受けることがあり、専門家へ簡単に連絡する方法をあらかじめ伝えておくことができれば効果的、とする。平成29年（2017年）に発覚した座間市の事件以後、ツイッター社では、自殺を検索すると自殺防止センターのアカウントを表示させた。

†ネットは自殺を助長するのか、抑止するか

私はメディア上では、自殺系サイトの規制に反対や慎重な立場を表明し続けている。取材では、インターネットによって自殺願望が抑止されたり、そこでのコミュニケーションの結果、自助的なコミュニティができたり、お互いに自殺念慮をケアするなどの動きがあるからだ。ネットが自殺を助長するか抑止するかは条件による。利用者の特性や、サイト管理人や他の利用者とのコミュニケーションスタイルによっても大きく変わる。

安心ネットづくり促進協議会の「自殺関連行動とネット上の情報との関連についての研究」は、ネットと自殺に関する研究を続けている。同協議会には『インターネットは自殺を防げるか』の著者でもある和光大学の末木新氏が加わっている。平成22年（2010年）度の研究に、「自殺関連サイト」にアクセスする利用者の特性分析がある。「自殺念慮を抱いたことがある」利用者は74・9%（非利用者は28・1%）、「自殺の計画を立てた」は44・4%（同8・3%）だった。報告書によれば、自殺関連サイト利用者は、非利用者に比べ、精神健康度が低い。自殺念慮や絶望感、抑うつ・不安傾向、孤独感のいずれも高い。自殺系サイトへのアクセスは自殺関連語の検索から始まる。もとからそうした言葉を類推しやすい状態にあるわけだ。

また利用者は、自殺関連行動の経験割合が高い。しかし私の取材では、自傷行為は自殺を避

けようとする行為でもある。「生きるための自傷行為」という言い方があるように、自傷行為をしたからといって、自殺関連行動が多いとは言えない。ただ、自傷行為を繰り返していくうちに、自殺や死ということが連想される状態になることは否定できない。

こうした前提を踏まえ、同報告では自殺関連サイト利用で、利用者にどんな変化が起きたのか調べている。20代では、自殺したい気持ちを吐露して、メッセージを受け取ると、その後の死にたい気持ちの低減との関連が指摘された。自殺関連のネットの双方向性が、いい方向へ影響することが少なくなかった。しかし、もう少し上の世代（30〜40代）は、ネットの双方向利用により、自殺したい気持ちが増加するとの結果だった。自殺関連行動の「経験」によって、強化されてしまうということである。これは私の取材感覚と似ている。

思うに、30〜40代にもなるとさまざまな人生の転機や挫折を繰り返す中で、リアルな人間関係もネット上のコミュニティへのアクセスも、流動性を失ってしまったのかもしれない。一方、若年層のほうがコミュニケーションの道具としてネットを利用できている。

翌年の研究では、匿名のユーザーに吐露しても自殺念慮・絶望感、抑うつ／不安感の変化に影響を与えないが、その発言に対して返信を得られれば、自殺念慮および孤独感が低減すると報告された。ブログやSNS、チャットなどで独り言を呟いたとしても、心の一定の整理にはなるが、自身が作り出した物語から抜け出すことはできない。しかし、そこに返信というコミュニケーションがあれば、孤独感を低減するチャンスが生まれる。

ただし、吐露ではなく「相談」の場合は、自殺念慮や絶望感、抑うつ／不安感に影響を与えない。ネットを自殺予防に役立てるならば、ストレス対処の方法に着目するとよいようだ。気晴らしによる感情の変化に期待するわけだ。一方、行政などが行っている問題解決型の医療相談では有効性を発揮しにくいということだろう。

自殺対策には、トーク（TALK）の原則というものがある。Tは Tell。自殺の話題に関して誠実な態度で話しかけること。Aは Ask。自殺したい理由をはっきり尋ねること。その原因を避けてはならないということだ。Lは Listen。傾聴することだ。Kは、Keep safe。安全を確保するということだ。

話を避けずに、尋ね、そして相手の訴えに耳を傾ける。ただしネットでは最後のK（安全の確保）が難しい。安全の確保には、住所や人間関係など相手をどこまで把握できているかがカギになるためだ。緊急の場合は、連絡が途絶えないようキープし続ける必要がある。ここが、ネットではいちばん難しい。

†中高年の自殺願望は変化しない？

中高年層はコミュニケーションによっても自殺願望が変化しにくい、という前述の報告を裏付けるようなケースがあった。

平成19年（07年）12月23日、長野県茅野市内で、男女2人の遺体が発見された。亡くなっていたのは44歳の住所不定職業不詳の田中侑斗（仮名）と、大阪府枚方市の22歳の専門学校生、守田佳子（仮名）。2人は自殺系サイトで知り合い練炭自殺したが、実は50歳の会社員、緒方保（仮名）が、直前まで行動を共にしていた。緒方はひとりで死のうとしたが死にきれず「自殺　インターネット」などをネット検索して、私に連絡を取ってきた。

緒方が2人と出会ったのは、無料レンタル掲示板の自殺掲示板だった。「ネットで自殺仲間を探したのは、車を使って、一酸化炭素中毒で死のうと思っていたが、自分では入手がしにくいと思ったんです。そのため、車と練炭、睡眠薬が必要だった」。

自殺掲示板にアクセスした12月7日当時、仕事上のプレッシャーなど〈いくつかの波〉が重なって、すべてを投げ出したくなり自殺衝動が急速に強まったという。心中仲間を募集する書き込みに応じる形で10人ほどと知り合い、メールや携帯電話で話をした。実際に会ったのは4人だった。「最期のチームとして組むわけですから、信頼できるメンバーとして過ごしたかった。暗い感じの人が多いと思っていたのですが、意外と普通の人たちでした」。

まず12月9日、大阪の女性と梅田駅前にある電器店前で待ち合わせをした。彼女の悩みをいろいろ聞いた。「印象は明るかったんですが、決断が早く積極的でした。もう後戻りできないと思いました。『死ぬしかない』という気持ちを継続しようと、どんどん自分を追い込みました」。自殺サイトへのアクセスやユーザーとのやりとりという「自殺関連行動」の「経験」を重ねていく。「30~40代」でさえ、双方向のやりとりが死にたい気持ちを高める。50代であればなおさらではないだろうか。別の3人とも会う日程を決めた。

緒方はそれまでも自殺しようと思ったことはあるが、押しとどめてきた。仕事で付き合ってきた人たちに迷惑をかけるためだ。しかし、自殺衝動が抑えきれない。彼は「最期のメンバー」候補者を、直前まで決められずにいた。大阪の女性と会った翌日、名古屋の人物から「親の店を継ぐことを決心したので、自殺を中止した」とのメールが入る。緒方は〈よかったね。がんばってね〉と返信した。同じ日のうちに大阪の専門学校生と会うが、自分からは自殺に誘わなかった。「自殺の動機を聞いたが、その悩みの期間の長さと複雑さに心が痛んだ。同時に、自分のいい加減さを感じた」という。

さらに翌日、何人もの自殺志願者とメールのやりとりをする。そのうち2人から一緒に実行したいという意思を確認したが、死にたい気持ちは揺れ動く。中止する人物も現れた。

12月14日の待ち合わせ場所は、新宿駅西口地下交番前だった。集まったのは緒方のほか、田中と守田の3人。目的地は、緒方と田中の共通点である長野県・諏訪地方だ。緒方の別荘があったことと田中が赴任したことがある場所だ。途中、ホームセンターで練炭などを入手後、白榛湖方面に向かった。しかし、3人で話しているうちに、緒方は「死ぬとしたら首吊り」にこだわっていることを自覚した。そのため3人で練炭自殺ではなく、緒方だけは近くで首吊りに計画変更。ひとりで死ぬのは不安だが、2人と別れた。19日、死の直前に、守田は母親あてに自殺場所を知らせるグリーティングメールを出した。

緒方は東京に戻りかけながら諏訪地方に引き返すなど、首を吊る場所について、悩みながらの選択だった。諏訪地方に恩師がいることを思い出し、死ぬ前に会いたいと考えた。しかし、予定が合わなかった。携帯電話を捨ててしまったので、メールを見ようと立ち寄ったネットカフェで、2人の自殺のニュースを知った。「2人が命を落としたことに加担してしまった、と思いました。別れたときに戻れるとして、『やっぱりやめよう』と言えたのかどうか。仮に止めていたとして、2人の苦しみにどうつき合えばいいのかもわからなかった」。

その後、この経緯をメディアに伝えようと、複数の報道機関にメールをした。一部は話を聞いてくれたが、結局その内容を取り上げるメディアはなかった。彼とは年末に池袋で会った。緒方は経緯を克明にメモしていた。取材を終えた帰り際に「生きようとも思った」と言い残して街に消えた。私は当時関わっていたネットメディアに記事を掲載した。

その後、緒方の妻という女性から連絡があり、平成20年（08年）6月8日に会って話を聞いた。「自殺をする理由について、一部、誤認がある」とのことだった。秋葉原無差別殺傷事件が起きた日なので強く印象に残った。

緒方は結局、どうなったのか。何年か経って妻から連絡が入った。ホテルの一室で、ひとりで自殺していたことがわかったという。緒方を探していた妻が身元不明遺体「行旅死亡人」の資料閲覧をしている中で発見した。

第六章　リアルタイムメディアが映す孤独

†秋葉原無差別殺傷事件

平成20年（2008年）6月8日。日曜日の昼過ぎ、秋葉原の歩行者天国に、信号無視した2トン車が突っ込んだ。5人の歩行者を跳ね飛ばし、タクシーと接触して停車。降りてきた25歳の加藤智大はナイフを振りかざして通行人に切りかかった。秋葉原無差別殺傷事件あるいは秋葉原通り魔事件である。7人が死亡、10人が重軽傷を負った。

事件の判決公判は平成23年（11年）3月24日、東京地裁。判決公判の法廷に現れた加藤は、Yシャツにグレーのスーツ、短い髪で細身、メガネをかけていた。手錠と腰縄姿のまま、被害者や遺族が座る特別傍聴席に向かって一礼した。頭を下げる時間がいつもよりも長かったような気がする。その姿を見つめる被害者や遺族の表情は厳しい。

村山浩昭裁判長は主文を後回しにして、判決理由から述べた。裁判所内に「死刑判決」の雰囲気が立ちこめた。報道席の一部が、主文後回しの速報のため退席していく。事実認定について、加藤はほとんど争っていないため、検察側の主張がほとんど認められた。

最大の争点は、加藤の責任能力。過去の自殺未遂が精神障害をうかがわせたが、裁判所は、犯行時に精神疾患に罹患していないという起訴前鑑定を採用（米国ＤＳＭ―Ⅳ―ＴＲ、およびＷＨＯのＩＣＤ―10に基づいた岡田鑑定）、責任能力に影響しないと判断した。弁護側は加藤の妄想や意識障害の可能性を主張したが、根拠である木村鑑定でも心的外傷後ストレス障害とまでは言えないとされていた。ここまでで裁判長の判決文朗読は、１時間に達した。

「量刑の理由」「結果の重大性」「遺族の処罰感情」と続き、加藤の生育歴や人格的な傾向、反省などの「死刑を回避すべき事情」について、ある程度は認めつつも、事件の悪質性、身勝手、計画性、社会的影響から「死刑を選択せざるを得ない」と断じた。

†加藤智大の居場所

加藤は平成10年（１９９８年）に青森県立青森高校に入学した。母親の証言などによると、加藤が中学生になる頃は夫婦仲も悪く、母親は加藤にイライラをぶつけた。レーサーになりたいという加藤の夢は危ないからと否定し、成績がプラスにならないとの理由で、女性との交際をやめるように言ったという。望み通りの進学校へ進んだが、成績はよくなかった。

自動車整備の短大を平成15年（03年）3月に卒業。複数の派遣会社に登録して、宮城県仙台市や埼玉県上尾市、茨城県内などを転々としながら働いていた。

平成18年（06年）8月、加藤は寮から行方不明となる。友人3人に〈トラックに突っ込んで自殺する〉などのメールを送信している。母親にも自殺を予告する電話をしたが、途中で切れた。加藤は「（自殺願望に）何かエピソードがあったわけではない」と証言する。結局、車が縁石に乗り上げて走行不能になったことで自殺をやめる。2、3ヶ月後、友人たちにメールを送った。〈生きてます／死に損ねた。ごめんなさい〉。翌年1月から青森県で働いた。自殺のことを母親に話し「精神病院に行ってみたい」と言ったが、意味がないと返されてしまい、行かせてもらえない。凶行の年の3月〈生きていても仕方がない。死んでしまいたい〉というメールを最後に友人と連絡が途絶えた。家族には頼れない。居場所を感じられず、孤独だった。

私が関心を持ったのは、裁判中に明らかになった掲示板と加藤の関わりだ。加藤はマスコミの面会に応じないが、いくつかの本を出版している。事件に触れた『解』（批評社）では、掲示板について以下のように述べている。

「現実とネットの世界、と、まるでネット上での出来事は非現実であるかのような言われ方をすることがありますが、ネット上は、仮想空間ではあっても非現実のものではなく、れっきとした現実です」「ネットを通じた向こう側にいるのは、電源を切れば動かなくなるゲームのキャラクターではありません。生身の、現実に存在している人間です」（公判での証言）

当時、加藤は、携帯電話からしかアクセスできない匿名掲示板にはまっていた。だがそこでトラブルが起き、無視され、一人語りが始まる。ネットトラブルがからむ事件では、現実の世界を仮想空間の延長のように捉えているのでないかという論評が起きたりするが、加藤は真っ向から否定する。掲示板を居場所として捉え、「人と一緒にいる感覚」だと述べた。

「2ちゃんねるは不特定多数のコミュニティです。使っていたのは（特定少数の）高校のクラスのようなもの。2ちゃんねるは大学のようなもの。高校のクラスだとお互いの顔を知っていますが、大学だと知っている人は少ないし、ほとんどが他人です」（公判での証言）

†掲示板の人間関係は家族同然

高校のクラスのような掲示板で、自分の気持ちをやや大げさに書き込むと、返信があり心配されることで、癒された。加藤は、掲示板内では知られる存在になれた。「いつものように使い捨てにするネタのつもりが、ウケたために調子に乗って使い続けた結果、「不細工スレの主」としてのキャラが固まっていきました」（前掲書）。

ウケ狙いの書き込みやキャラクターを演じること（キャラ設定）は、ネット・コミュニティでは珍しい行為ではない。たいてい自分を覚えてもらうための行為である。

しかしやり過ぎたのか、ルールがかわったのか、掲示板荒らしと判断されて、書き込みを禁止される。ただし、掲示板ごとにコミュニケーションの作法は違う。ある掲示板では、スレッドをたくさん立てることに問題はないが、別の掲示板では、スレッド乱立として嫌われる。ともあれ、加藤にとって、荒らし認定は学級内で話すことを禁止されたようなものだ。しかし高校とは異なり、匿名だから引っ越せばいい。つまり、ネット上の居場所を変えるのだ。

「別の掲示板に引っ越しました。利用する人は少なかったのですが、雑談したり、ネタがあったり」（公判での証言）。加藤はレス（レスポンス、自分の書き込みに関しての反応）を欲しがった。レス欲しさに「ネタ」を書き込むネットユーザーは、特に変わった存在ではない。レスが多いほど、充実感を得られるのは自然なことだ。そのため加藤は、「本音のネタ」を書き込んでいくことになる。「（本音のネタとは）一言で言えば、冗談。実話を元にしたもの。脚色したもの。まったくの作り話もネタになります」（公判での証言）。

加藤の掲示板への依存度が高まっていく。「私にとっては家族のような、家族同然の人間関係でした」（公判での証言）。現実の家族関係がよくない加藤にとって、ネット上で家族を再構成、再構築した気持ちだったのだろう。カウンセリング的な場、ケアの場、掲示板はまさに居場所だった。

ただし加藤は、ひとりでネット上のやりとりだけをしていたわけではない。「テキトウ」という掲示板で知り合った女性と仙台で会ったり、九州に行き、掲示板の管理人とも会った。自殺したいと考えていた時に、兵庫の女性からのメールで自殺をやめたこともある。

また、群馬の女性に会いに行き抱きついたことがあった。加藤は、女性から拒絶された出来事を掲示板に書いたが、その女性に書き込みが見つかってしまったため、スレッドを閉鎖した。しばらくすると、加藤のなりすましが現れた。「人間関係を乗っ取られたという状態になりました。帰宅すると、自分そっくりな人がいて、自分として生活している。家族からは私がニセモノ扱いされてしまう状態です」(公判での証言)。

他人が加藤のふりをして、掲示板でのコミュニケーションを図る嫌がらせだが、掲示板でのキャラクターを変えたり、引っ越すこともできたろう。しかし加藤はそうしなかった。家族同然の人たちが集う居場所から出なかった。なりすましがいると書き込んだが収まらない。

そのため、平成20年(2008年)5月31日には〈みんな、死んでしまえ〉と怒りをあらわにした。なりすましの書き込みを削除するよう管理人にメールをするが無視された。翌日、〈目標100人ぐらい。もっとやりたい〉と書き込んだ。これは、どうせ自殺するなら100人は巻き込みたいということだという。「少し前に自殺はなんでいけないのかということを書き込んだりしていて、自殺に他人を巻き込むなら目標は100人という意味です」。6月4日には〈土浦の何人か刺したやつを思い出した〉とも書き込んでいる。だが、そんなことは実際には考えていなかったとも証言していた。

「この書き込みから、私が事件を起こすのではないかと考えてくれるものと思っていました。そういう警告であって、本当に私は他人を巻き込んで自殺したいわけでも、そもそも自殺したいわけでもありません」(前掲書)

†掲示板の分析は意味がない?

加藤は事件をしっかり計画したわけではないと証言する。「どこに住んでいるかわからないなりすましや荒らしに、報道を通じて、自分が事件を起こしたことを示すために大事件を起こす必要がある。大事件といえば、大都市。近くの大都市といえば、東京。東京で自分が知っているのは秋葉原。という流れだったと思います。事件を考える一方で、やらないことも考えていた。(6月7日の夜は)警告を繰り返し、事件を起こさない方法を考えていた」。なりすましや荒らしに対して怒りを表明しても、管理人に書き込みの削除依頼をしてもなりすましは消えない。本物は自分であることを証明するためには、予告を実行するしかない。そうしないと居場所はないと感じていた。「事件を起こさなければ、掲示板を取り返すこともできない。愛する家族もいない。仕事もない。友人関係もない。そういった意味で居場所がない」（公判での証言）。そう思うほど、掲示板に入れ込んでいた。

そのネット上のコミュニティが大事になると、時間をわすれて睡眠時間を削り、時として仕事よりも、実際の人間関係よりも大事に思えてくる。特に、コミュニティの新参者ほど、または孤独や不安にさいなまれているほど、抜け出せなくなる。

加藤は、事件前の木曜日と金曜日、仕事を欠勤した。福井県内でナイフを購入したのは6日だった。居場所だった掲示板で、誰にも相手にされなくなった加藤は事件当日の6月8日「究極交流掲示板（改）」に「秋葉原で人を殺します」というスレッドを立てた。

5時21分　車でつっこんで、車が使えなくなったらナイフを使います　みんなさようなら
　44分　途中で捕まるのが一番しょぼいパターンかな
6時00分　俺が騙されてるんじゃない　俺が騙してるのか
　02分　いい人を演じるのには慣れてる　みんな簡単に騙される
　03分　大人には評判の良い子だった　大人には
　05分　全員一斉送信でメールをくれる　そのメンバーの中にまだ入っていることが、少し嬉しかった

31分　時間だ　出かけよう
11時45分　秋葉原ついた
　　今日は歩行者天国の日だよね？
12時10分　時間です

加藤の事件は、歩行者天国での無差別殺人であると同時に、ネットトラブルの延長で起きた「我が国の犯罪史上まれにみる凶悪重大犯罪」（検察側論告）だった。ただし加藤は、書き込みの内容を事件に関連して分析することは意味がないとしている。

「本当は、私が掲示板を利用していて、そこで成りすましをされ、それを正当化され、警告したが無視された、という以上には掲示板に触れる必要はありません」「そもそも掲示板の書き込み内容を分析することには意味がない」（前掲書）

†「2ちゃんねる」での事件予告

巨大匿名掲示板2ちゃんねる（現在は5ちゃんねる）を知らしめた事件がある。平成12年（2000年）5月3日に起こった「西鉄バスジャック事件」だ。13時35分頃、九州自動車道太宰府インターチェンジ付近で、17歳の少年が、高速バス運転手に刃渡り40センチの牛刀を突きつけた。14時6分に西鉄天神バスセンターに到着する予定だったバスは、そのまま九州自動車道を走行。山陽自動車道までに乗客3人を切りつけ、1人が死亡する。その後、バスは広島県東広島市の小谷サービスエリアで止まった。NHKは深夜にも生中継を続け、大阪府警と福岡県警の特殊部隊が突入し少年が逮捕される瞬間を、私を含めた多くの視聴者が目にした。

少年は、固定ハンドルネーム（コテハン）として「ネオむぎ茶」を名乗っていた。もともとは「キャットキラー」というコテハンで、ギコ猫（ギコ・ハニャーン）というアスキーアートを書き込む匿名ユーザーを嫌っていたからとされる。ネオむぎ茶にコテハンを改名したのは、スレッドの書き込み1000番というキリのよい数字に書き込む（キリ番を踏む）宣言をしたところ、他のユーザーに踏まれたことがきっかけで、むぎ茶という当時の有名ユーザーに倣ったものだという。新たに「佐賀県佐賀市17歳…。」というスレッドを立て、〈ヒヒヒヒヒ〉とだけ書き込んだ（5月3日　12：18）。犯行の1時間20分前、バスに乗る40分ほど前である。

事件の2ヶ月前（3月4日）、「学校に立てこもって人を殺す」という声明文を母親が見つけている。危機感を抱いた父親は警察や精神科に相談したが、事件を起こしたわけでもないので何もできないとされた。テレビやラジオに出演している有名な精神科医に連絡をとり事情を伝えたところ、この医師が警察と病院に電話。医師は少年に面会していないが、すぐに医療保護入院が決まった。

その後、少年の状態が安定して病院から外出許可が出された。そのタイミングで、17歳少年の犯行による豊川市主婦殺人事件が起きる。「人を殺してみたかった」というのが動機とされ、ネオむぎ茶は西鉄バスジャック事件を起こす前に、この事件について知り、メモを書いた。少年はこの事件を強く意識したのかもしれない。

外泊許可が出たのはゴールデンウィークだった。母校で無差別殺人をする計画だったが、休みだったために、バスジャックに変更した。この事件の影響で、ネット上の犯行予告事件が相次ぐことになる。

それは令和になっても変わらない。元年（19年）7月の、アニメ制作会社京都アニメーションへの放火殺人事件でも、青葉真司容疑者は平成30年（18年）9〜11月、「爆発物を持って京アニに突っ込む」などと書き込んでいたとみられている。

†自殺の実況中継

いまでは動画で、事件をリアルタイム配信するということも起こっている。

平成30年（18年）7月28日夜、北海道のJR函館線苗穂駅で、都内在住の10代後半から20代と見られる男女2人が特急列車に飛び込んだ。なぜこの駅を選んだのか。現場へ行くと、札幌駅に近い割には利用客が多いわけではないこと、函館本線と千歳線が停車すること、駅舎から死角になっていること、特急電車が通過することに気がつく。

自殺した女性のものと思われるツイッターのアカウントには「メイドとアイドルを卒業してお嫁さんになります」とプロフィールがある。心中した日のツイートを読む。〈アイドルじゃなくなって、メイドじゃなくなったぼくには価値はないから〉（18年7月28日　4：48）。自尊心を揺るがす何かがあったことが読みとれるが、具体的にはわからない。心中相手と思われる男性との写真付きツイートもある。〈地下ドルと元ホストが結婚したとか闇しか感じない〉（21：05）。最後のツイートは動画配信サービス「SHOWROOM」のお知らせとともに、〈ぼくはもうあのセクハラに耐えられない　アイドル卒業します〉（22：54）と書き込まれていた。

ツイートを遡ると、自殺の理由を垣間見ることができた。〈きっと今度はぼくだけをあいしてくれる〉（23日　22：31）。〈なんだかんだ強がっているよ怖くて仕方ないよまた仕事軌道に乗ったらあの子みたいにぼくもすてられるんでしょ〉（26日　3：46）。恋愛の不安を感じていたようだが、これが自殺に直結したかはわからない。痕跡は残しつつも、経緯は知られたくないのか。

実は、この事件の直前にも自殺のリアルタイム動画配信はあったが、一般の報道では触れられなかった。7月1日午後10時5分頃、奈良県の近鉄橿原線近鉄郡山駅で、市内の県立高校1年の女子生徒が、特急電車にはねられて死亡し、動画配信ツイキャスで自殺の瞬間が配信されていたといわれる。その女子生徒のものと思われるツイッターのアカウント（削除済み）を読むと、〈なんで自傷するのかって　人それぞれだけど　私は頑張り屋っていわれるの　こわくて　今は不器用な時期で　無理ですっていいたくて仕方がない　でも頑張りたい　生きたい皆真面目すぎるってことだけ知ってる〉とつぶやいていた。

ネットのサービスが終わるたびに、私は、死者のテキストが消えるのを何度も見てきた。アカウントが消えれば、忘れられていくしかない。死者のＳＮＳのアカウントも、親族らから削除の申請がされるか、ＳＮＳが存在する期間だけの存在となる。

†公開自殺騒動の理由

自殺配信は急に出てきたわけではない。平成22年（10年）11月9日午前8時半頃、仙台市青葉区内のアパートで、24歳の菊池純弥（仮名）の遺体が発見された。動画配信サービス「Ustream（ユーストリーム）」では午前5時半頃から、彼が首を吊っている映像が流れた。

菊池は、2ちゃんねるの大学生板に「来週自殺します」とのスレッドを立てた（11月4日午前2時頃）。と同時に、「4日ナンパ」「5日ナンパ」「6日友人と最後の電話」「7日自殺」などと予定を書き込んだ。また、具体的な職場の名前を出し、休職中で上司とうまくいっていないことなども明かした。当日は、午前2時頃から迷い続け、首吊りの方法を試行錯誤した。

死にたい理由について「結局、仕事でもうまくいかなかったし、ナンパしても女の子にふられ続けるばかりだし。ナンパしていい関係になった女の子とも冷たくあしらわれて」などと話していた。映像は落ち込んでいる様子だが、決行日まではナンパを繰り返すなど、積極的な行動が見られる。

菊池のものと思われるブログ「ニャンちゅうのナンパ日記見てけさいIN東北、北海道」の、自殺10日前の投稿は〈今日も雨だけど中堅H大学へ　来校してすぐチアガール集団キター(ﾟ∀ﾟ)——！！！　気持ちはいきなりピーク！　SDI48！？　いつもどおり散策。しかし模擬店見所ねー（笑）　女の子のレベルはTHE仙台ブスという感じ！〉（10月31日付）だった。こうした書き込みからは、双極性障害と思えるほど、躁うつの波が激しい。「気分晴れない」と「気分が良すぎる、ハイになる」を繰り返したようだが、軟派なブログは後者の日に綴ったものではないだろうか。

彼は自殺の背景に孤独感や家庭崩壊があることを、ユーストリームで明かしている。「大学時代の友達とはたまにメールしたりして、すごい心癒されることもあるけど、大学とは離れているんで、なかなか会う機会がないし、辛いっすね。心の支えを無くしてしまいましたね。家庭崩壊してしまったし」。

彼の自殺中継を見た私は、秋葉原無差別殺傷事件の加藤を思い出した。加藤は、予告を実行しないと掲示板を取り戻せない、居場所を失うと感じていた。ネタの真実性を高めるために事件を起こした。菊池も〈死んだかどうかわかるようにしろよ〉と2ちゃんねるで釘を刺され、〈その方法に迷っているんだよね〉と答えると、別のユーザーから〈ウェブカメラつけてustかどっかで配信〉と煽られた。自殺中継のヒントになったかどうかは不明だが、引っ込みがつかない心情になっていた可能性は高い。

「みんなさん、どこかでは死んでほしいとも思っているんですよね？　これはある種のエンターテイメントですよ。僕の本気度は動画を見ていればわかると思いますよ」

自殺予告は、それによってつながりを再構築する行為でもある。ネット心中をつながりの中で死ぬ行為だとすれば、自殺中継は、それをさらに広げた行為と言える。

†生主の自殺配信

ネットで動画を生配信するユーザーを生主《なまぬし》という。ニコニコ動画で生放送するユーザー主、(ニコ生主)がその先駆けだと言われる。平成24年(12年)5月14日、北海道在住の男性で18歳「設計士(才能)」(ハンドルネーム)がユーストリームで自殺配信した。道内では知られた生主で、最後のユースト配信前までは、ニコ生(ニコニコ生放送)で配信していた。

北海道旭川市。私が取材に訪れた日は30度を超える暑さだった。羽田空港から旭川空港まで約1時間45分、中心部まではシャトルバスで約1時間。旭川駅前は再開発の工事中で、平和通買物公園には、昼間は笑顔の高校生がアイスクリームを食べ歩き、夜にはサラリーマンが飲む場所を探していて、昼夜ともにぎわいを見せていた。

駅前のホテルで設計士（才能）の母親と待ち合わせた。自宅は車で30分ほどの市営住宅団地。リビングに設計士（才能）の写真が飾られていた。

私は彼自身に会ったことはないし、配信した放送を生で見たこともなかったが、YouTubeにアップされた動画を確認していた。首吊りの準備をする様子がわかる。ユーザーとやりとりしながら放送していた。残された動画を見ると、家を飛び出して、自殺をしようと決意した場所へ向かうところから始まる。自宅から自殺の場所までは車で5分程度の距離。この場所は、グーグルのストリートビューを見て気に入っていたようだ。自殺しようとしていることが分かって止めるユーザーもいた。

〈そんなことはやめなよ〉

「大丈夫だよ、動画を思いついたんだ」

〈今は何をしてるんですか？〉

「目立つようにするための罠だな」

〈人生に疲れたんですか?〉
「なぜ私のそれを知っている。なぜわかった?」
〈私もそう〉
「まあねえ、よいっしょ。この木にこれをかけるか」

同じように〈人生に疲れた〉というユーザーが現れ、自殺方法について語る。〈俺、自殺をするなら銃を使いたい〉。一種の共感的なムードができる。

設計士(才能)の準備が終わったのか、「まあ、明日になったらわかるさ。これでも俺のことを世は無視するか。実験できる」。遺体で発見された場合、ニュースになるのかどうかで、自分の存在が社会にとって有用なのかをはかろうとしていたのか。それを実験と言った。

そして、自殺をしようとした時、泣き声が聞こえる。

「俺だめだったな。死刑台がここに見える。(すすり泣く声)。そうだな。5分間、哲学か。死んだら無です。そして自殺は罪ではありません」

〈なんかあったのか?〉

「いや、来週水曜日、俺は奴隷にされてしまう。もう嫌だ。もう奴隷にされたくない」「おれ、究極の動画宣伝方法を思いついたんだ。きょうの朝になったら、なってるかもしれない。ニュースに。変死体として見つかるかもしれない」

なぜ、このタイミングなのか。

「土日あたりに決行しようと思った。だが、日曜日、やろうと思ったができなかったんだ。なんでかって？　母の日があったからだよ。ジョークじゃない。母の日を最悪にしたくないんだ。俺は。寒いんだ。俺。だが、日曜日は実行しなかった。俺には真の問題がある。就職難」

彼はニコニコ生放送で人気の生主だったから、そのコミュニティを心配するユーザーもいた。そうすることで自殺を止めようとしたのかもしれない。生放送枠の30分が経過した。そこで設計士（才能）は時間制限のないユーストリームに切り替えて生放送を始める。ユーストリームのコメントを自身で読み上げている。

「最後に会えてよかったよ」。いくつかのコメントに反応しながら、12分32秒で放送が途絶えた。

†生主はなぜ死んだのか

設計士（才能）が、そこまで死を意識した理由は何か。まず配信によるとニコ生にあった。設計士（才能）は、ニコ生で編集ソフトを使って、街などを3D再現した。札幌の市街地や地下鉄は評判がよかった。しかし、1000回放送記念で作成した、アニメ「けいおん！」の舞台となった学校の校舎は、評判がよくなかった。人気アニメだけに、こだわりのあるユーザーが多いことも、不人気だった理由だろう。

しかし、決定的だったのは他にあるようだ。放送のなかに何度も「奴隷」という言葉があった。これは何を意味するのか。

母親によると、設計士（才能）は小学5年生で高機能自閉症と診断された。中学校の時は、小4レベルの知能しかないと言われたために、情緒障害特別支援学級をつくってもらうなど配慮がされた。受験は経験させたいとの思いから、高校を受験した。結局は定時制高校に通う。昼間は高機能自閉症をケアする福祉施設に通った。職業訓練などの指導を受けたが、そこでトラウマを負ってしまう。たとえば何十キロにもなる荷物を運ばなければならないが、どうしていいかわからず、ただ見ていたことがあった。悩んでいたのを親が知り、指導員に伝えると「すぐに手を出したら本人のためにならない」と言われた。

「一般論としては指導員さんの言うことは分かります。しかし、高機能自閉症を持っているので、こだわりが強かったり、冷静に見えても頭の中はパニックなんです。一見、健常のように見えるのが辛いとも言っていました。そのため、『仕事をやってみたい』という気持ちにさせる配慮が必要だったんじゃないか」と、母親は振り返った。

設計士（才能）自身も、Yahoo!知恵袋やニコ生で相談していた。彼にとってニコ生のリスナーは日常的な友達と同じ存在だった。加えて、他人を楽しませたいという気持ちが人一倍強かった。自殺直前までニコ生やユーストリームで配信をしていたのはそのせいもある。

ニコ生のコミュニティは参加する人数が上がると、レベルが上昇する。レベル上げは、承認欲求にリンクする。目立った存在になろうと他の配信を気にして見ていた。ただ、自分なりの放送が承認されたいという願望、自己顕示欲はある。しかし、最後まで内容やスタンスを変えなかった。最後のニコ生では「究極の動画宣伝方法を思いついた」と言っている。

彼の死は一般のニュースにはならなかった。亡くなった3日後の5月17日午後2時頃、「設計士（才能）ついとう（妹から）」という番組も配信されたが、リアルタイムでは話題にならなかったようだ。

†中学生が予告自殺

平成25年（13年）11月24日午前3時55分頃、滋賀県近江八幡市のマンションに住む中学3年の女子生徒が、そのマンションから飛び降りた。落下の瞬間をツイキャスで配信した彼女は、2ちゃんねるの専用スレッドで自殺配信を予告していた。1週間前の11月17日の0時7分、〈あたしが今あたまのなKsでかんあげるいること（私がいま頭の中で考えていること）〉と自殺について投稿していた。ろれつが回っていないかのようで、キーボードのタイプミスが多い。

タイプミスと考えられる部分にルビを振って紹介する。
〈自殺廃村《配信》がしたい　gw《が》ちのやつだしfc2ふぁ《な》ぁら消されない方でぃるから盛り上がr《つ》っ《た》だろ《う》いなあ／ニュー速にスレがったったりあう《す》つ《る》のな《か》なあ／自殺配信s《に》ちついての妄想が膨らみます／昼からう《ず》っと消しまくってました　Idとかを／そして今これを書いて今雨《います》。これw《を》lかいたら叩かれリ《る》ダ《だ》ロ《ろ》イ《う》なあと思いま～す。でm《も》lこのネタバラシをしt《て》r《し》つぃまうと、自殺配信のする意味がなくなってしまうのせ《で》えす。／‥s《少》づくなくともわたしはそう思います。だから、こういうのは／唐突ぇでなくちゃあいけないと。私はそういうのにあK《こ》ぉがれてました〉

彼女はネタバラシとして、受験勉強のストレスで死んじゃったのかなあとか思われるのか、と書いた。〈信じてもらえないのはいい／しかたがありません。でも、信じてもらわないと本当に今は何も、今日も昨日も何も嫌なことがあったというわけじゃないんです！〉〈伝説になるんです。私はそうしたらみんなにちやほやされるぞっと思います〉（タイプミスと思われる部分を修正）

自殺を装った配信なのか、この段階では本気かどうかも不明だ。理由なき自殺なのか。彼女は1000人が視聴する配信が楽しかったようで、自殺配信した場合は、2ちゃんねるの「ニュース速報＋」板に、自分の記事が取り上げられるだろうと考えていた。「伝説になる」「ちやほやされる」というように、視聴数を増やしたかっただけなのか。

ネットで情報発信して、注目されたい、見て欲しいという心情が過剰になって、自殺配信に及ぶこともあるだろう。その背景は自己愛の強さか。

この日の書き込みでは、マンションの手すりにiPhoneを置き、そのカメラに自分が落ちていく様子を映す、と実際に亡くなった手段と同じことを書いていた。それに対して視聴者からは〈死んじゃダメ、死んじゃダメ、死んじゃダメ〉という書き込みがある一方で、〈早くしないかな〉〈はよう〉〈もう面倒臭いからお前はよ氏ね〉と、彼女の告白を本気にしていない様子も見られた。冗談を冗談で返すネタのつもりで書いているのかもしれないが、結果として囃し立てられたほうは追い詰められていく。その後、彼女はこのスレッドに現れないままだった。

†チャットやSNSで自殺幇助

あるチャットルームで、自殺願望を持った北関東在住の主婦が、自身の悩みを吐き出していた。親身になって相談に乗るユーザーもいたが、そこに場の空気をかき乱す荒らしが割って入った。〈死にたいなら死んじゃえよ〉という書き込みに主婦は〈何度も試みたけど、死ねなかったの。死ねないけど、生きちゃってる。死ねない運命なのかな〉とレスポンスした。しかし荒らしは〈運命じゃなく、勇気がないだけ。手段が甘すぎるんだよ。もっと勇気だせよ。かまってほしいだけか〉と煽った。そうしたやりとりに過剰反応したための焼身自殺だった。

どんなユーザーが訪れるかわからないところがポータルサイトの魅力だが、ネガティブに働くと自殺幇助や自殺教唆を招くことにもなる。

ラインで「死ね」と書き込まれ、自殺した女子学生がいた。自殺教唆の疑いで逮捕されたのは慶應義塾大学法学部3年生の男だった。交際していた21歳の女子学生に「お願いだから死んでくれ」「手首切るより飛び降りれば死ねるじゃん」などというメッセージ7通を送信した。その後の平成25年(13年)11月9日午前5時頃、彼女は東京都港区の自宅マンション8階から飛び降りた。女子学生は男からのメッセージを見た後、友人に〈死にます〉と送信していた。両親宛の遺書もあった。

亡くなった彼女のツイッターの書き込みを読むと、死の前日の午後8時28分には、男が送って来たラインのメッセージをキャプチャーした画像をあげていた。1時間半ほど後(午後9時58分)には〈それでは皆さん、善き人せを〉と書き込む。「人せ」は「人生」のことだろう。自殺直前の午前4時40分には〈ありがとう〉、そして〈みなさま、よき倫理を!〉(午前4時50分)というつぶやきが最後だった。

彼女の書き込みを遡ると、時おり、自傷行為の後の写真をあげていた。逮捕された男と別れた後、新しい彼氏と心中未遂をして、血に染まったシャツの写真もあった。心中未遂相手に共鳴した理由の記述は見当たらなかった。

彼女はある日、自分が境界性人格障害だとつぶやいている。境界性人格障害だと自傷行為をするわけではないが、セットで語られることも多い。精神科医に、自傷行為をしていると話しただけで境界性人格障害と診断されたという話もよく聞く。

自傷行為をする人は、他人にそれを見せつけることがある。いつからしているのか、どうやって知ったのか、道具はなにか、どのくらい深く自傷したのかなど。自傷行為を、メールで報告したり、リアルタイムでつぶやいたり、音声チャットで流したり、生配信をする人もいる。彼女も写真はアップしたが、ツイキャスで首を切っている動画を配信したとのつぶやきもあった。自傷行為はそれだけでは死なないことが多いが、痛めつけられた身体はダメージを受けるし、精神的にももろくなってくると「死にやすい体」になる。亡くなる前日、新たな彼氏と心中未遂をしたタイミングで、元彼からの自殺を促されるメッセージを見たら、「死んでやる」と思っても不思議ではない。

ただ、こうしたやりとりは、メンタルヘルスに悩む人たちのネット・コミュニケーションではよく見かけるものだ。復讐心から激しい自傷行為を見せつけ、相手もエキサイトしてしまうのだ。前日の心中未遂さえなければ、激しい自傷行為レベルで終わったかもしれない。

†座間事件

ネットユーザーの自殺願望を利用した事件はたびたび起こっている。大阪の自殺系サイト殺人事件も同様に、苦しんでいる表情が見たいという自らの性的な欲望を満たすために、死にたいという被害者の気持ちを悪用した。

先述のように、平成29年（17年）10月末に発覚した座間市の男女9人殺害事件の白石隆浩も被害者たちをネットで物色していた。白石はツイッターで「死にたい」「自殺」「安楽死」などとつぶやいた人たちを誘い出した。白石は被害者たちとどんなやりとりをしたのか。

自殺願望を抱く人たちがこの事件をどう考えているか、私はアカウントでつながっている人たちにDMを送り取材を申し込んだ。話を聞いた何人かには、白石とつながっていた女性もいた。白石が現場アパートに住み始めたのはその年の8月からだが、その頃に開設した「死にたい」というアカウントで知り合った17歳のフリーター、直美（仮名）にDMが届いたのは9月12日。直美によると、彼女のツイートに白石が反応したのだという。

白石　神奈川に住んでおります

直美　関東一緒ですね

白石　自殺をお考えですか？
直美　はい
白石　一緒に死にますか？
直美　何歳ですか？
白石　22歳です。首吊りの道具と薬を用意してあります
直美　殺してもらえないですよね　首絞めて
白石　本気で言ってるんですか？
直美　首吊り2週間くらい前に失敗してなんかもー首吊りのやり方が失敗するとしか思えなくて

自殺系サイトの掲示板や心中の相手募集では、よく見られる内容だ。自殺をめぐるネット・コミュニケーションでは、手段や道具などについて、具体的な話になっていくことは珍しくはない。直美とのやりとりは、無料通信アプリ「カカオトーク」に移行し、首吊りの具体的な方法を伝えていく。情報は正しく、もし直美が実行して死んでしまったら、ネット心中するとして呼び出せなくなるが、白石はあまり考えていないのか。数に頼るナンパ師のように、数多くやりとりをしている被害者予備軍のひとりだから、会えなくても仕方がないというくらいにし

か思っていなかったようにも見えるが、むしろ被害者になる自殺願望が強い人からは、信用できる人と認識される可能性が高い。現実社会では自殺の話ができることは少ないので、そうしたやりとりができる相手は貴重なのだ。とはいえ、直美が白石に会うことはなかった。

「（白石は）カカオで通話したがっていました。『信用できたら、会いませんか？』とも言っていました。たまたま、別の人と電話をしていたので、通話することはありませんでした」。ただ、こうも振り返る。「本当に殺してくれるのか、言っていることは本当なのか、と考えました。でも、神奈川は家からも遠いし、何もなかったら、時間と交通費がかかるだけ。でも（報道を見て）言っていることと同じことをしたんだな、と思いました。本当のことを言っていたんですね。私も行って、殺されていればよかった」。

†殺してもらいたいほどの絶望感

自殺未遂を繰り返したり、自殺を考えている人の中には、殺されたい願望を持つ人がいる。直美はまさにそのひとりだ。直美は家庭が居場所と思えず違和感を抱いていた。高校に通っていた頃、そんな悩みを聞いてくれたのは、フェイスブックで知り合った30代の自称医師だった。その年の冬、自称医師に呼び出され、秋葉原に行った。当時公務員を目指していた直美は、将来の話がしたかった。自称医師から「誰もいないところで話をしよう」と言われた彼女は、彼を信用して自宅に向かった。すると態度が急変し、レイプされてしまう。病院で心的外傷後ストレス障害と診断された。「(自称医師は)ネットで知り合った最初の人で、信用していました」「最初は外にも出られませんでした。学校にも行けない」。直美は高校を中退した。

直美は精神的に辛い時にはよく散歩をしていた。座間事件が発覚する2週間ほど前の10月中旬の夜も気分転換に外を歩いていた。この時、見ず知らずの男に車内に引きずり込まれてレイプされた。「警察にも被害届を出しました。(警察は)男の家に行ったようですが、知らないと言われたようで、まだ逮捕されていません」。こうした度重なる性被害体験が、彼女の自殺願望を強めた。「今は、死にたいまま生きています。でも、20歳までは生きてないと思います。今年か、来年には死にたい」。

こうした絶望感が、白石に引き寄せられるベースにあった。

座間事件に関心を寄せる36歳の美登里(仮名)も自殺願望はあるが、「(白石のアカウントを)知っていても、私は何もしなかったと思います」と言う。しかし「若い頃なら違うかもしれない。殺してもらいたいと思っていましたから」と述べ、被害者の心情を、過去の自分に重ね合わせた。

美登里が初めて死にたいと思ったのは、小学校の高学年だった。「物心ついてから、死んだほうがいい、生きていても仕方がないと思っていました」。学校でいじめにあった。仲間ハズレは当たり前。クラスのほとんどの人から、机を隠されたり、雑巾を押し付けられたりしたという。「20代前半の先生でしたが、一緒にいじめてきました。助けてほしいのですが、先生も楽しそうでした」。

家庭は居心地が悪かった。父親は暴力的で、母親も殴られていた。止めようとすると彼女も殴られた。父親からいかに逃れるかばかり考えていた。「泣いてばかりいました。なんとか家を出たいと思っていました。家が安住の地とは思わなかったんです。いじめのことも言えません。不登校にもなれませんでした」。それでも一度、父親に相談したことがあった。「やられたらやり返せ」と言われただけ。「誰も助けてくれない。なんでこんなに辛い思いをしなければならないのか」と思っていた。中学生になっても、孤立していた。先生は心配してくれない。リストカットをした。何度もしたが、死ねなかった。一升瓶で自分の頭を殴ったこともある。それぐらい、どうしようもなく、毎日が辛い状況だった。

高校時代には成績はよかったが、生きづらさは変わらず、リスカは続いていた。何年生の時か記憶が曖昧だが、荷物に入っていた体育のハチマキを使って、駅のトイレのフックにかけて首を吊った。しかし、何も起きない。急に眠くなっただけだった。そんな時『完全自殺マニュアル』を購入した。「読んだのですが、どの方法をしても未遂をするからうまくいかない、という結論のように読めました」。風邪薬を1箱飲んだ。やはり何も起きなかった。

高校卒業後、東京の専門学校へ。この頃、摂食障害となり、33キロから68キロに、体型が激変した。過食嘔吐とリストカットを繰り返した。

座間市の事件が明るみに出る少し前には、仕事の大きなプロジェクトが終わり、燃え尽き症候群のような状態だった。そんな時、電車に飛び込もうという衝動が襲った。気持ちを抑えるため、いのちの電話にかけたが繋がらない。そのためリストカットしたり、酒と睡眠薬が入った状況で、近くの交番に行った。もう適当に未遂を繰り返すのも嫌だったという。彼女は交番で「私は自殺をするか人を殺すかなので、保護してほしい」と訴え出た。しかし、警察官に「死にたいなら、救急車を呼んで」と言われただけだった。

自殺の名所をネットで検索していたら、飛び降りて複雑骨折をした、と書いてあるブログを見つけた。もうサイトはあてにできないと思っていた。こんな美登里にとってSNSで「死にたい」とつぶやくのは呼吸するのと同じだ。つぶやけば、同じように死にたい人がフォローしてくれる。「ツイッターは一方通行でいい。放置されてもいい。気持ちを吐き出す場なんです。規制の話が出ていますが、SNSがなくなれば、自殺しなくなる、というのはないでしょう」。

事件の被害者の心情を美登里が想像する。「被害にあった女の子たちの気持ちは想像できます。彼女たちは、生きる術がないのだと思います。助けを求めるとしたら、生きる方法を見出すか終わらせてくれるか。どちらかなんです。中途半端なアドバイスは意味がありません。そんな中で、殺してくれる人として、『首吊り士』に会ったんだと思います。未遂では辛いですから」。それだけ「いま、ここ」を生きるのが辛い。白石の被害者たちがどんな絶望を生きていたのかは分からないが、美登里の話を聞くと、原因や状況は違っても、被害者たちの絶望の深さは変わらないのだろうなと思えてくる。

†リアルタイムメディアが誕生させた狂気

私は、本書の冒頭で示したように、白石被告に面会した。面接は1回30分なので時間が足りない。2回目の面会に向かった。面会室「3」に通された。前回の面会では、白石被告はネットナンパ士のような印象を受けた。その続きから聞く。

――ネットナンパで出会えたのは？

「正直、学生時代には全然会えていなかったんです。月にひとり会えればいいほう。社会人になってからは1、2週にひとりですね」

――どうして会えるように？　コツが分かった？

「そうです。それに、スマホの普及でアプリが出てきたからです」

――学生時代は出会い系？

「そうです」

——アプリは？

「SNSやチャットアプリです」

——よく使ったのは？

「ぎゃるる、です。位置情報を利用して近い人に会えるので」

——スカウト時代は？

「ツイッターを使ったが、その時は出会い目的ではない」

——出会い目的のアカウントは、事件に関連して使っていたアカウント？

「そうです」

警察庁発表の「SNS等に起因する被害児童の現状と対策について」（平成29年）によると、SNSを通した被害者は1813人で過去最高だった。そのうちツイッターは695人で最も多い。ぎゃるるは97人、ひま部は181人、ラインは105人。ちなみに出会い系サイトは29人だった。白石は、被害児童が使っているアプリの中でも上位のものを使ったことになる。

——事件に関連するアカウントはいくつ？

「5つです。〔@＿〕〔@sleep〕〔@さみしい〕〔@死にたい〕〔@首吊り士〕です。それぞれコンセプトが違います。日常生活の話をつぶやくもの、死にたいとつぶやくもの、自殺の情報や幇助をしているとつぶやくもの、です」

――一番、人気のあったのは？

「〈@死にたい〉ですね。つながった人の半分以上はこのアカウントです」

たしかに、入手した情報では、〈@死にたい〉とやりとりしていたのは24人。〈@首吊り士〉とやりとりをしていたのは5人だった。

――スカウト時代は？

「出会い目的ではないが、アカウントは10個ありました。この時のアカウントは、警察に捕まった時に、削除に同意をさせられました。なので、スカウト時代のアカウントだ、とあるものは、自分のものではない。ダミーですね」

事件発覚当時、確認できるアカウントで古いのは平成28年（16年）3月に開設した「パチプロ〜」というアカウントがあったが、ダミーということか。

「それに、風俗の女性が取材をされていましたが、スカウト時代に知り合った女性です。この時に会っていたことと、事件について関連づけて話をしているようですが、関連はない」

――事件では9人を殺害し、バラバラにしているが、そもそも、これらのアカウントを使って会ったのは何人だったのか？

「13人です」

――なぜ4人は無事だった？

「4人のうち1人は男性です。お金もなさそうだった。もう1人は、事件を起こした8月から10月まで付き合っていました。部屋にクーラーボックスがあったのを見て逃げ出した女性もいました。残りの1人は10日間だけ一緒に住んでいました」

前回の面会では恋愛はずっとしていないと言っていたが、事件直前は恋愛をしていたということか。恋愛感情はないが、付き合っていたということなのか。このあたりは聞けなかった。

——なぜ9人を殺害したのか？

「1人目は早く口説けた。お金を持っていることが分かった。ヒモになろうと思ったんです。アパートの契約までしてくれました。お金を出してくれました。しかし、他にも男がいることが分かりました。ということは（自分を捨てて）その男を選ぶかもしれない。相性のいい男性を探していましたから。もしそうなら出て行けと言われるかもしれない。殺すしかないと思った」

——2人以降はなぜ殺害した？

「（被害者が）昏睡状態のままでのセックスに目覚めてしまった。でも、そのまま帰らせようとすると通報されるかもしれない。執行猶予中だったので、見つかれば、今度は一発で実刑になるかと思った」

——（3人目の殺害になる）男性も殺せた？

「酒を飲ませた。酒には睡眠薬と安定剤を入れていた。眠ったところを絞殺したので、難しくはなかった」

——逮捕後、「本当に死にたい人はいなかった」と供述しているが、その意味は？

「DMなどで悩み相談になることがあったが、それぞれに理由があるということ。学校に行きたくないとか、家にいたくないとか、彼氏にふられたとか。ある女性はよくよく聞くと、『家出をしたい』と言っていた。『なぜ？』と聞くと、『母親の管理がきついため』ということだった。そこで『うちに来る？　養うよ』と誘うと、簡単についてきた。こんな風に理由があったんです」

ネットナンパの手法のひとつに、相手の相談にのるというのがあるが、まさにネットナンパをしていた。その過程で、昏睡状態の相手とのセックスに快楽を覚えるが、事件の発覚を恐れて殺害し、バラバラにする。それを繰り返したに過ぎない。ただ、ツイッター由来の事件は見つかりやすいはずだ。そこに躊躇はなかったのだろうか。

——見つかるとは思わなかったのか？

「1人目の女性を殺害する前に、過去のバラバラ事件がなぜ発覚したのかを調べたんです。山の中へクーラーボックスを運んでいる途中に職質された、などが書いてあった。それぞれの事件発覚に該当しない方法を実行しようと思ったんです。携帯電話は長い間、放置しないと警察は位置情報を特定できない。このことは、前回に逮捕された時、刑事に教わったんです。だから、殺害後、携帯を破壊した」

――殺害は躊躇しなかったのか？

「それはかなりある。殺害後は頭痛や吐き気があった。それに殺害しても入手できるのは、最大で50〜60万円。売春で捕まっているのでスカウトはできない。詐欺や窃盗のスキルもない。ヒモになって女性に貢いでもらうしかない。そんな風に考えて、天秤にかけた。殺害するのは勇気がいった。しかし、1人殺害することで、それを乗り越えた」

――被害者は10、20代が多かった。30代以上は外したのか？

「誰を取材しました？　ＯＬの女性ですかね？　お金を持っていればいいです。30代でも40代でも」

――9人殺害となると、死刑になる可能性が高いがどう思っているのか？

「1人目を殺害した時点で、どのくらいの罪になるのかを調べました。強盗、強姦、殺人となるので、死刑は意識しました。そのため、死刑を回避することを考えたんです。殺人ではなく、同居人が自殺をしたことにして、遺棄しただけにしようと」

†10人目になりたい人

私の取材に「10人目になりたい」と言った人は少なくない。座間事件に関するアンケートをとった（平成29年11月20日から平成30年3月1日まで）。方法はグーグルアカウントで利用できるアンケートフォームを使った。そのアンケートを、筆者が利用するツイッターアカウントでつぶやいた。回答者55の中で、有効なメールアドレスが記入されていた回答は52件（性別は、男性13、女性38、その他1。年代は10代12、20代18、30代9、40代5、不明8。職業は学生19、会社員10、無職9、フリーター7、自営業4、その他3）。

この事件で思ったことを自由回答で聞いた。「10人目になりたい」「羨ましい」「一緒に死にたい」「私も殺されたかった」と、白石に殺害されたかったと思ったのは14人いた。

――どう思うか？

「驚きです。その人たちはレイプされて殺されることもあるということを知っているのか？」

――家族や被害者にこの時点で言いたいことはあるか？

「家族には『ごめんなさい』かな？　いや、違うな。『もう忘れてください』だな。遺族にも『忘れてください』と言いたいです」

30分が過ぎ、立会いの拘置所職員が「時間です」と、会話を制止した。面会室のドアの向こうに白石は消えていった。

豊川市主婦殺人事件などの「人を殺してみたかった」といった平成12年（2000年）頃に日本中で話題になった殺人動機のような側面があるのだろうかと想像していたが、性的欲求を満たすための凶行であり、しかも白石の受け答えはしっかりしていて、特に異様な感じがしなかった。だからこそ猟奇性が見える気もする。リアルタイムメディアがこうした男を誕生させたという面もある。だからといって、メディア自体が悪ではない。多くのユーザーは普通に使っている。だからこそ、狂気が見える。

おわりに

匿名性を帯びた居場所の必要性を考え始めたきっかけは、平成9年（1997年）の神戸連続児童殺傷事件だった。「少年A」の心理的な居場所は、事件当時存在しないか、失われていたのではないかと、漠然と考えていた。元少年Aは医療少年院から退所し、ネットでHPを開設したり、事件のことや少年院退所後のことを綴った『絶歌』（太田出版、2015年）を出したことで批判を受けた。彼なりにネットの中で居場所をつくろうとしていたのではないか。

私は、事件当時のことや医療少年院で考えたこと、現在の心境を知りたいと、HPにあるメールアドレスに、いくつかの質問を投げ、取材依頼のメールを送った。しばらくすると、「元少年Aです」という返信メールが届いた。月額800円のブロマガ（ブログとメールマガジンを組み合わせた機能）を始めたという告知とともに、回答が書かれていた。

ネットメディアの『マガジン航』で、彼の著作について「彼には病識がないのではないか。つまり、自分は精神を病んでいないと思っているのではないか」と書いたことについて、元少年Aはこう回答を寄せた。

〈確かに僕は精神鑑定においては精神病ではなく、それを疑わせる症状もないと判断されていました。でも、自分が健常者であると思ったことはありません。専門家から統合失調や精神病質、アスペルガーを疑われることもありますが、僕の抱える異常性の本質は、異常性そのものよりも、異常さと、同等かそれ以上のまともさの〝ギャップ〟の部分にあるのではないかと自分では感じています。部分的には、普通以上に普通な感覚も持っています。明らかに病理性を感じる部分もあります。それは誰でもそうなのかもしれませんが、僕の場合は他の人たちと比べてその落差が激しすぎるのかもしれません〉

異常性の本質について、元少年Aは冷静に考えているようだ。しかし、対面での取材については、〈今のところはお受けすることはできません。世間的にはいまは〝WANTED!!〟扱いですので〉とあった。〈まずはここで意見交換をし、大きなリスクを冒してまであなたに会いたいと思えるようになれば〉とあったので、メール交換の可能性があると思った。

しかし世間では、少年Aのブロマガが有料だったことで批判が起こった。そのためか、ブロマガだけでなく、HPそのものが削除されてしまう。元少年Aが過去に何を思い、現在どう考えているのかを聞くチャンネルが閉ざされた。

ネットが普及し始めた頃は、家庭や学校、会社、地域で孤立感や疎外感、不安感を抱く人たちが、そこに居場所を求めた。匿名の他者との出会いは、ガス抜き要素もあり、癒しの場所だった。しかしネットが大衆化するほど、その空間にいじめや差別、排除といった、現実世界の負の側面が入り込むようになった。ネットがからんだ事件が多発すると、そこは監視される場になる。仮想空間の居場所的な側面は狭まっている。

座間市での男女9人殺害事件の後、厚生労働省はSNSを利用した相談事業のガイドラインを発表した。電話や対面相談とは違うSNS相談の強みとして、①相談者は匿名であり安心できること、②その場にいない専門家同士をつなぐことでチームとして対応できること、③過去の相談履歴を参照できることなどをあげている。

若者の自殺対策として、SNSを使うことには弱みも指摘している。①「つらい」「死にたい」ばかりで、相談者が具体的な背景を語らないことがある、②人の存在を忘れさせるツールでもある、③あくまでも相談の入り口であり、限界があることを知っておく、などである。また、文字ベースのため、オウム返しの多用は避けること、テンポにあわせて短く返すこと、10代などで敬語を使わないほうが親近感がでることもあるので相談者にあわせるなど、対応への注意も含まれている。

年間自殺者数は約2万人になり、ピーク時から1万人以上減少した。しかし若年層の自殺は減ることがない。うまくアプローチできない現状がある。SNS相談は匿名的および即時的なコミュニケーションなので、若年層ほど思考の変化は期待できるものの、ちょっとしたことで自殺の方向に向かわせてしまう両面性がある。しかも、リアルなケアや居場所へつなぐ際は、即効性を求めがちだ。公的な機関であるから、書類の手続きや個人特定が必要になることもある。そのため公的な相談窓口を避けて、孤独や不安を抱えた若者たちほど、出会い系サイトやSNSへとつながりを求める。

私の最大の関心は、「インターネットは、生きづらさを抱く人たちの居場所になり得るか」、そして、それを可能にするものは何かだ。条件次第では居場所になり得ると今でも感じている。しかし、忘れてはならないのは、ネットはあくまでも手段に過ぎないということだ。

今後も、ツールが多用になり、また進歩を遂げるだろう。その都度、コミュニケーションのありようが変化していく。癒しや居場所になる条件も変わっていくかもしれない。これからも、私はそれを見つめていきたい。

本書は、次の媒体で取材・発表した記事を含みます。

「ニコニコ動画に宿る「生主」という生き方　5年半でプレミア会員175万人……「寂しい」「暇つぶし」「つながりたい」「主張したい」」『G2』講談社、2013年1月号

「元少年A『絶歌』の出版が投げかけたもの」『マガジン航』ボイジャー、2015年7月13日

「元少年Aからメールの返事がきた「僕の抱える異常性の本質」」『TOCANA』サイゾー、2015年10月14日

「首吊り士・白石隆浩容疑者に［殺されたかった女たち］の告白」『週刊SPA!』扶桑社、2017年11月21日号

「いじめはなぜ認定が難しいのか」『週刊東洋経済』東洋経済新報社。2017年9月16日号

「座間9人遺体事件「SNSに『死にたい』と書き込む人の心理とは」」『文春オンライン』文藝春秋、2017年11月6日

「座間事件被害者たちはなぜ「死にたい」とつぶやいたのか」『創』創出版、2018年1月号

「SNS相談ガイドライン、その後」『電経新聞』電経新聞社、2019年4月8日

「「座間九遺体事件」被告は何を語ったか。」『潮』潮出版社、2019年6月号

参考文献

●書籍

相田くひを『インターネット自殺毒本』マイクロデザイン出版局、1999年
アンソニー・ホールデン、高橋啓訳『グレアム・ヤング　毒殺日記』飛鳥新社、1997年
加藤智大『解』批評社、2012年
共同通信大阪社会部『大津中2いじめ自殺』PHP新書、2013年
渋井哲也『明日、自殺しませんか――男女七人ネット心中』幻冬舎文庫、2007年
渋井哲也『学校裏サイト――進化するネットいじめ』晋遊舎ブラック新書、2008年
渋井哲也『ケータイ・ネットを駆使する子ども、不安な大人』長崎出版、2005年
渋井哲也『実録・闇サイト事件簿』幻冬舎新書、2009年
渋井哲也『ネット心中』生活人新書、2004年
竹内一郎『人は見た目が9割』新潮新書、2005年
鶴見済『完全自殺マニュアル』太田出版、1993年
パトリシア・ウォレス、川浦康至／和田正人／堀正訳『インターネットの心理学　新版』NTT出版、2018年
藤川大祐『道徳教育は「いじめ」をなくせるのか――教師が明日からできること』NHK出版、2018年
松田美佐・伊藤瑞子・岡部大介編『ケータイのある風景――テクノロジーの日常を考える』北大路書房、2006年

美智子交合『わたしが死んでもいい理由』太田出版、1999年
宮台真司『制服少女たちの選択』講談社、1994年
元少年A『絶歌』太田出版、2015年

●参考雑誌・サイト
『新潮45』新潮社
『女性セブン』小学館
『FRIDAY』講談社
『THEMIS』テーミス
『BLOGOS』LINE
『iRONNA』産経新聞社
『nippon.com』公益財団法人ニッポンドットコム

●報告書等
「インターネット上の少年に有害なコンテンツ対策研究報告書」公益財団法人日工組社会安全研究財団
「インターネットの利用動向に関する実態調査　2010年」ワールドインターネットプロジェクト・日本チーム
「Webサイトを介しての複数同時自殺の実態と予防に関する研究」厚生労働省
「SNS等に起因する被害児童の現状と対策について」警察庁
「大津市立中学校におけるいじめに関する第三者調査委員会調査報告書」同調査委員会
「情報通信メディアの利用時間と情報行動に関する調査」総務省情報通信政策研究所

「自殺関連行動とネット上の情報との関連についての研究」安心ネットづくり促進協議会
「情報化社会と青少年に関する意識調査報告書」内閣府
「人口動態統計特殊報告・婚姻に関する統計」厚生労働省
「佐世保市立大久保小学校児童殺傷事件調査報告書」長崎県教育委員会
「ニッポンのセックス」相模ゴム工業
「恋愛・結婚に関する意識調査」オーネット

ちくま新書
1434

ルポ 平成《へいせい》ネット犯罪《はんざい》

二〇一九年九月一〇日 第一刷発行

著者 渋井哲也（しぶい・てつや）

発行者 喜入冬子

発行所 株式会社 筑摩書房
東京都台東区蔵前二-五-三 郵便番号一一一-八七五五
電話番号〇三-五六八七-二六〇一（代表）

装幀者 間村俊一

印刷・製本 株式会社 精興社

ISBN978-4-480-07252-8 C0236

ちくま新書

1163 家族幻想 ——「ひきこもり」から問う　杉山春

現代の息苦しさを象徴する「ひきこもり」。閉ざされた内奥では何が起きているのか？〈家族の絆〉という神話に巨大な疑問符をつきつける圧倒的なノンフィクション。

710 友だち地獄 ——「空気を読む」世代のサバイバル　土井隆義

周囲から浮かないよう気を遣い、その場の空気を読もうとするケータイ世代。いじめ、ひきこもり、リストカットなどから、若い人たちのキツさと希望のありかを描く。

947 若者が無縁化する ——仕事・福祉・コミュニティでつなぐ　宮本みち子

高校中退者、若者ホームレス、低学歴ニート、世の中から切り捨てられ、孤立する若者たち。彼らを社会につなぎとめるために、現状を分析し、解決策を探る一冊。

904 セックスメディア30年史 ——欲望の革命児たち　荻上チキ

風俗、出会い系、大人のオモチャ。日本には多様なセックスが溢れている。80年代から10年代までの性産業の実態に迫り、現代日本の性と快楽の正体を解き明かす！

1225 AV出演を強要された彼女たち　宮本節子

AV出演を強要された！　そんな事件が今注目されている。本書は女性たちの支援活動をしてきた著者による初の報告書。ビジネスの裏に隠された暴力の実態に迫る。

1402 感情の正体 ——発達心理学で気持ちをマネジメントする　渡辺弥生

わき起こる怒り、悲しみ、屈辱感、後悔……。悪感情に翻弄されないためにどうすればいいか。友情や公共心を育み、勉強や仕事の能率を上げる最新の研究成果とは。

762 双極性障害 ——躁うつ病への対処と治療　加藤忠史

精神障害の中でも再発性が高いもの、それが双極性障害（躁うつ病）である。患者本人と周囲の人のために、この病気の全体像と対処法を詳しく語り下ろす。